公共图书馆智慧化
服务创新研究

张智霞 杜娟 段知雨 ◎著

GONGGONG TUSHUGUAN ZHIHUIHUA
FUWU CHUANGXIN YANJIU

中国出版集团
中 译 出 版 社

图书在版编目（CIP）数据

公共图书馆智慧化服务创新研究 / 张智霞，杜娟，
段知雨著. -- 北京：中译出版社，2024. 6. -- ISBN
978-7-5001-7970-2

Ⅰ. G258.2

中国国家版本馆CIP数据核字第2024UA6224号

公共图书馆智慧化服务创新研究
GONGGONG TUSHUGUAN ZHIHUIHUA FUWU CHUANGXIN YANJIU

著　　者：张智霞　杜　娟　段知雨
策划编辑：于　宇
责任编辑：于　宇
文字编辑：田玉肖
营销编辑：马　萱　钟筱童
出版发行：中译出版社
地　　址：北京市西城区新街口外大街28号102号楼4层
电　　话：（010）68002494（编辑部）
由　　编：100088
电子邮箱：book@ctph.com.cn
网　　址：http://www.ctph.com.cn

印　　刷：北京四海锦诚印刷技术有限公司
经　　销：新华书店
规　　格：710 mm×1000 mm　1/16
印　　张：11.5
字　　数：192千字
版　　次：2025年3月第1版
印　　次：2025年3月第1次印刷

ISBN 978-7-5001-7970-2　　　　定价：68.00元

前　言

我国自改革开放以来，社会主义市场经济一直都在稳步前进发展，万象更新。现阶段，随着全球信息化时代的到来，各行各业都在朝向互联网方向融合发展，而公共图书馆作为信息提供产业必须保证与时俱进，达到社会发展需求。公共图书馆的发展进程前后经历了传统纸质书籍、物理图书馆、复合图书馆、数字图书馆及移动图书馆五个转变时期。伴随互联网技术和人工智能的高速发展，图书馆的未来发展趋势必然面向智慧图书馆，其最终将会取代物理图书馆、数字图书馆等类型成为未来图书馆发展的主体。

本书是一本关于公共图书馆智慧化服务创新研究的书籍。全书首先对公共图书馆及公共图书馆服务的基础理论进行简要概述，介绍了公共图书馆的特征与种类、公共图书馆的服务原则及功能等；然后对图书馆基础服务体系的相关问题进行梳理和分析，包括图书馆的信息资源体系、图书馆的信息服务体系、图书馆的管理服务体系等；最后对公共图书馆智慧化服务创新探索方面进行探讨。本书论述严谨，结构合理，条理清晰，内容丰富，能够为当前公共图书馆智慧化服务创新相关理论的深入研究提供借鉴。

本书参考了大量的相关文献资料，借鉴、引用了诸多专家、学者和教师的研究成果，其主要来源已在参考文献中列出，如有个别遗漏，恳请作者谅解并及时和我们联系。本书的写作得到很多专家学者的支持和帮助，在此深表谢意。由于能力有限、时间仓促，虽极力丰富本书内容，力求使著作完美无瑕，并进行多次修改，仍难保著作有不妥与遗漏之处，在此恳请专家和读者指正。

作者

2024年2月

目　录

第一章 公共图书馆服务概述

第一节 公共图书馆的理论基础

一、图书馆的起源和发展

（一）图书馆的起源

图书馆的产生有两个非常重要的历史文化背景：一个是文字的发明；另一个是文献的出现。作为记录和传达语言的书写符号，文字有三个可考的历史节点：公元前4000年古埃及人发明的象形文字，也叫纸草文字；公元前3000年左右苏美尔人发明的楔形文字；公元前14世纪至公元前11世纪，我国的商朝人发明的甲骨文。

有了文字，就得有记录文字的工具和载体。随着文字数量的不断增加，为了用文字准确地记录事物、完整地表达思想感情，文献便产生了。

文献是指记录知识和信息的一切载体。例如埃及的纸草卷，我国古代的甲骨文献、金石文献、泥陶文献、简帛文献等，都是不同载体的文献；再比如现在的纸制文献、光盘、缩微胶卷等也是不同载体的文献。

因为文献记录、展示、保存了文字，所以文献是人类文明传承延续的集中体现。随着文献数量的不断增加，将文献有序保存的需求逐渐出现，人们需要有一个地方保存文献，并且要有专人来管理文献，这样图书馆就应运而生了。

根据考古学家的推测，世界上最早的图书馆4000多年前诞生于两河流域，也就是今天的伊拉克境内，那个时期的图书馆和档案馆没有明确的区分，一般同时兼有二者的职能；真正意义上的图书馆是公元前7世纪亚述帝国首都尼尼微的皇宫图书馆，该馆藏有大约25 000块泥版文书，并建有目录；后来古埃及开始有了王室图书馆和寺院图书馆；古希腊也建有为贵族保存文献的图书馆和著名学者的私人图书馆。公元前288年，埃及亚历山大图书馆建成，该馆典藏丰富，学者云集，被誉为世界古代图书馆的代表。

在，公元前13世纪的商殷时代，甲骨文出现后，王室就有了保存典籍的地方，实际上这就是图书馆的萌芽。图书馆真正有文献可考的历史始于东周春秋时代，那时王室中有了专门的典藏处——藏室，并设立了专门的职官来管理文献。据《史记》记载，我国著名的哲学家、思想家老子在周代担任"守藏室之史"（文献典藏处的最高领导）。因此，后人将老子誉为中国最早的图书馆馆长。

（二）图书馆的发展

1. 古代、近代图书馆

从世界范围看，图书馆产生后，在欧洲中世纪图书馆附设在宫廷和教堂里，因为这一时期教会占了统治地位；11—13世纪随着西方大学的兴起，大学图书馆逐渐发展起来；14—16世纪文艺复兴时期，欧洲各国掀起建立图书馆的高潮。特别是15世纪时，我国造纸术和印刷术传到欧洲，促进了西方国家图书馆的发展和藏书量的增加。

到了近代，17世纪中叶英国资产阶级革命爆发，资本主义开始在西方萌芽，极大地推动了图书馆的发展。新兴的资产阶级提倡学校教育，开始兴办向社会开放的图书馆，以提高劳动者的科学文化知识。在这种情况下，欧洲的图书馆纷纷从皇室、教堂脱离出来，办成向社会开放的图书馆。

在中国，图书馆在周代产生后，秦朝设立了专门的藏书机构，并设"柱下史"负责管理；汉代时我国国家图书馆已初具规模；从三国时期到隋唐五代，随着政治经济和文化的发展及印刷术的发明，我国古代图书馆进入发展时期，国家藏书进一步发展，私人藏书也开始发展；从宋代到清代，我国古代图书馆进入繁荣时期，宋代雕版印刷术的盛行和活字印刷术的发明，使社会上的书籍和著作得以广泛流传，促进了图书馆业的发展。宋代的书院藏书蓬勃兴起，出现了江西的白鹿洞书院、湖南长沙的岳麓书院、河南的应天书院和嵩阳书院四大著名书院。

元代以后，皇家图书馆发展迅速；明代时，文渊阁因收藏《永乐大典》成为皇家图书馆的藏书中心；清代时，著名皇家图书馆有以收藏《四库全书》著称的南北七阁，北方宫廷四阁包括文渊阁、文源阁、文津阁、文溯阁，江南三阁为文汇阁、文宗阁、文澜阁。明清时期私人图书馆也有很大发展，比较著名的有天一阁、汲古阁、澹生堂、绛云楼、海源阁、铁琴铜剑楼、丽宋楼等。

清朝末期，带有西方色彩的图书馆与中国古代藏书楼文化开始融合，上海作为东西文化的交汇点和最早开埠的沿海城市，成为近代图书馆的发源地，较典型的例子是创建于1847年的上海徐家汇天主堂藏书楼、创办于1875年的格致书院藏书楼。1894年，上海圣约翰大学图书馆（后命名为罗氏藏书室或罗氏图书馆）建立，成为中国近代较早的大学图书馆。此外，武汉在中国近代图书馆史上也占有重要地位，1903年，美国人韦棣华在武昌县昙华林文华学校筹办图书馆阅览室，1910年，文华学校图书馆建成，命名为文华公书林，并为学校师生和校外读者服务。进入20世纪，中国图书馆在中西文化交融下得到长足发展。1902年，京师大学堂（北京大学图书馆前身）的建立成为近代大学图书馆事业发展的重要事件。1909年，京师图书馆宣告正式成立，缪荃孙被任命为正监督，于1912年正式对外开放，成为当时中国北洋政府时期的国家图书馆（现名中国国家图书馆），也成为近代图书馆发展史上具有代表性的一件大事。

2. 现代图书馆

20世纪中期以后，电子计算机等技术逐步在图书馆应用，图书馆的馆藏结构、服务方式、服务手段发生了巨大变化。特别是进入21世纪后，电子图书馆、数字图书馆发展迅速，使图书馆的形态和职能发生了革命性的变化，图书馆的工作效率和服务效率大大提高，服务不断深入，图书馆的文献载体不断丰富，不仅收藏印刷型的图书文献，也大量收藏非印刷型文献信息（缩微制品、录像带、磁盘、光盘、数据库等），大大改变和丰富了馆藏；图书馆之间的联系更加密切，逐步向网络化、国际化方向发展；图书馆的职能不断扩展，除了保存文化典籍、普及科学文化知识、进行社会教育外，还增加了信息开发传递和智力资源开发、文化休闲等职能。

（三）图书馆的概念

20世纪80年代，我国图书馆学家、北京大学教授吴慰慈在《图书馆学概论》中给图书馆下的定义是：图书馆是收集、整理、保管和利用书刊资料，为一定社会的政治、经济服务的文化教育机构。

随着信息技术和信息社会的发展，图书馆的功能和社会作用有了新的特质，图书馆概念也有了新的发展。21世纪初，程亚男在《图书馆工作概论》中给图书馆下的定义是：图书馆是对文献信息进行收集、整理、存贮、传递和开发，并为社会提供利用的科学文化教育和信息服务机构。

今天，图书馆的概念又有了新的发展，图书馆已不单单是一个机构，由于传统图书馆是以实体形式存在的，我们习惯于将图书馆看作一种机构，但未来的形态可能是多种多样的，我们应当把图书馆看作一种社会机制。我们可以给图书馆下这样的定义：图书馆是通过系统收藏、组织文献信息资源来实现保存人类文化遗产、提供信息服务、开展社会教育、提供公共文化空间社会职能的一种社会机制。

二、图书馆的构成要素和主要类型

（一）图书馆的构成要素

图书馆主要由以下五个要素构成。

1. 文献信息资源

文献信息资源是指图书馆所收藏和链接的各类型文献信息的总和。图书馆的构成首先是文献信息资源这一要素，文献信息资源是图书馆赖以存在和开展工作的物质基础。

传统图书馆所收藏的主要是纸质的图书、期刊等文献，而现代图书馆的工作对象除此之外还包括了计算机可读信息、多媒体信息和各类型数据库等。

2. 用户（读者）

用户是图书馆的服务对象。凡是具有利用图书馆资源条件的一切社会成员，包括个人和集体都可以成为图书馆的用户。发展用户、研究用户、服务用户是图书馆工作的主要内容。

3. 工作人员

工作人员是图书馆活动的管理者和组织者，是使文献信息与读者发生联系的中介和枢纽。图书馆工作的好坏，图书馆社会作用发挥的大小，都取决于图书馆工作人员的业务水平、服务精神和道德素养等因素。

4. 技术方法

技术方法是做好图书馆工作的主要手段。图书馆能否发挥作用，主要取决于工作人员能否掌握先进、正确的技术方法。技术方法的发展是图书馆不断进步的重要保证。图书馆技术方法主要包括文献信息的收集整理和开发利用的技术方法、读者服务的技术方法、图书馆组织管理的技术方法，以及利用信息技术对图书馆进行集成管理的技术方法。

5. 建筑与设备

建筑与设备是图书馆必不可少的物质条件。建筑与设备应适应图书馆文献信息的状况及服务功能的要求。图书馆建筑不当、设备不标准，都会妨碍图书馆工作的开展、降低图书馆的社会功能。

图书馆的五个要素之间是相互依存、相互促进、缺一不可的，它们构成了图书馆的统一整体。在这个整体中，决定性的要素是图书馆工作人员，因为图书馆工作人员是图书馆一切活动的管理者和组织者，图书馆工作与服务方式、文献信息资源的组织形式与结构、图书馆的社会效益与价值，都取决于图书馆工作人员的工作。

（二）图书馆的类型

划分图书馆的类型，目前在国际上尚无统一的标准。根据图书馆的隶属关系，结合图书馆的性质、用户群、馆藏文献范围等标准来划分，目前，我国图书馆的主要类型有国家图书馆、公共图书馆、学校图书馆、科学图书馆、专业图书馆、技术图书馆、工会图书馆、军事图书馆、儿童图书馆、盲人图书馆、少数民族图书馆等。在这些类型的图书馆中，业界通常认为公共图书馆、科学图书馆、高等学校图书馆是我国整个图书馆事业的三大支柱。因为这三大系统图书馆的馆藏文献较为丰富，技术力量较强，并承担着文献资料中心、服务中心、协调中心和研究中心的重要任务。

1. 国家图书馆

国家图书馆是由国家举办的面向全国的中心图书馆，它担负着国家总书目库的职能，是一个国家图书馆事业发展的推动者，是一个国家各种类型图书馆的指导者。目前，世界上有100多个国家建有国家图书馆，这些国家图书馆有着多种类型。主要包括以下几种。

公共性的中央图书馆，如苏联国立列宁图书馆、法国国家图书馆、中国国家图书馆、英国不列颠图书馆、澳大利亚国家图书馆等。

国会图书馆兼做国家图书馆，如美国国会图书馆、日本国立国会图书馆。从馆藏文献量和图书馆员的数量来看，目前美国国会图书馆是世界上最大的国家图书馆，馆藏1.2亿项，超过2/3的书籍是以多媒体形式存放的。

大学图书馆兼做国家图书馆，如北欧丹麦的哥本哈根大学图书馆、挪威奥斯陆大学图书馆、芬兰赫尔辛基大学图书馆等。

科学图书馆兼做国家图书馆，如罗马尼亚科学图书馆、美国国立医学图书馆和美国国立农业图书馆。

2. 高等学校图书馆

高等学校图书馆是为教学和科研服务的学术性机构，现代化的图书馆、先进的实验设备及高水平的教师队伍被视为现代化大学的三大支柱。

由于高等学校有综合性大学、专科性大学、多科性文科或理工科大学之分，其图书馆也可相应区分为综合性、专科性、文科、理科等各种类型。

高等学校图书馆的服务对象主要是学生和教师，他们的文化程度比较整齐，他们的阅读需求也有着明显的规律，会随着教学活动和科研进度而变化。同时，它们普遍藏书丰富，教学参考用书的复本量大，与系（所）资料室共同组成校内图书情报网。高校图书馆作为高等学校的一个组成部分，必须服从于高等学校的基本任务，主要围绕教学和科研开展多种形式的服务。近年来，很多高校图书馆开始探索向社会开放，为社会读者提供服务。

3. 科学专业图书馆（包括信息中心）

科学专业图书馆属于专门图书馆，它往往同时是本专业的信息中心。在我国，科学专业图书馆主要有中国科学院系统图书馆、中国社会科学院系统图书馆、中国农业科学院系统图书馆、中国医学科学院系统图书馆、政府部门所属研究院（所）图书馆、大型厂矿企业的技术图书馆、情报中心或信息中心等。

三、图书基础知识

图书是通过一定的方法与手段将知识内容以一定的形式和符号（文字、图画、电子文件等），按照一定的体例，系统地记录于一定形态的材料之上，用于表达思想、积累经验、保存知识与传播知识的工具。广义的图书概念包括书本、音带、光盘、电影影片等。狭义的图书则是指以纸质为材料的书本。

（一）图书的组成形式

图书的组成形式多种多样，常见的有精装本和平装本，主要包括封皮、护封、衬页、扉页、勒口、飘口、书芯、版面、版心、切口等各个部分。

1. 封皮

封皮又叫作书皮，是书芯的外衣。封皮对书芯既超到保护作用，又起到美化外观作用。一般来说，平装本的书皮叫作封皮，精装本的书皮用板纸制成，故叫作书壳。

封面——又叫作封一，是一本书书皮的面。

封里——又叫封二，是封面的里面。

封底里——又叫作封三，是封底的里面。

封底——又叫封四，是一本书书皮的底。封底均印有中国标准书号和定价，也有的会印上责任编辑和封面设计人员的姓名。

2. 护封

护封也叫包封或护书纸，是加在封皮外面的另一张外封皮，一般多用于精装本，平装本中的装帧讲究者也有用护封的。

3. 衬页

衬页是在封二和扉页之间、封三和正文之间，前者叫前环衬，后者叫后环衬。

4. 扉页

扉页叫副封面。扉页装订在衬页之后，正文之前。

5. 勒口

勒口也叫作折口。平装书的封面和封底，各多留出30毫米左右的空白纸张，向里折叠，和书芯切口处齐，折进去的这一部分叫勒口。

6. 飘口

飘口也叫漂口。就是在封面和封底的天头、地脚和书口处，均比书芯大出3毫米左右，这些部分称为飘口。

7. 书芯

书芯又叫作书身。书的本身。经过配页、装订，尚未包上封皮或装上书壳的半成品部分，叫作书芯。

8. 版面

指图书每一页书的一面，这一面的幅面包括版心和四周的白边。

9. 版心

版心也叫作版口。在版面上，排印文字、图表、公式和装饰纹样的部分，叫版心。

10. 切口

版面经过裁切，被切光的三面叫作切口。

11. 装饰页

在图书的卷首和卷尾，在特装本中可经高雅装饰，如对有些《圣经》那样，或将空白页粘贴在封面和单空白页前。

（二）图书的版权页

1. 版权页

版权页是一本图书版本情况的记录。版本记录页上记载有书名、著译者、出版、印数、中国标准书号、定价等内容。

2. 版权页上的相关内容

（1）开本

是指每一本图书开切而成的不同大小的面积，一般以宽（××毫米）乘长（××毫米）来表明。根据全张用纸开切成幅面相等的小页，如开成16小页的叫16开本。由于所有纸张的幅面大小规格不同，其具体的尺寸规格也不尽相同。如32开就有大32开、32开、长32开之分。目前普遍使用的印刷图书的正文用纸，主要是787毫米×4092毫米和850毫米×1168毫米两种规格的纸，前一种纸开切成32小页的叫小32开，通常就叫32开；用后一种纸切成32小页的叫大32开。我国目前图书常用的开本，是16、32、64开三种，其中又以32开本居多。

（2）版次

版次是指第几版，印次是指第几次印刷。第一次出版的叫第1版（即初版），初版书出版后，版本记录页应是"××××年×月第×次印刷"。

（3）字数

计算字数时，版面的图表、公式、空字、空行均作为满版计算字数，所以，实际上版本记录页上的字数，并不是全书的真正字数。全书字数＝每行字数×每面行数×每书面数。

（4）印张

是指印刷一本书所需要的多少张全开的纸。

3. 中国标准书号

（1）中国标准书号的组成

《中国标准书号》由《国际标准书号》（ISBN）和《图书分类——种次号》两部分组成。《图书分类——种次号》由10位数字组成，前面冠以字母ISBN。10位数字分成组号、出版者号、书名号和校验位四组符号组成，之间用"-"分开。即：ISBN出版社国代号-出版社代号-出版序号-校验位。

①国际图书代号。国际ISBN中心分配我国的组号是"7"。

②出版者号。我国出版社的出版者号（社号）由中国ISBN中心分配，分为五档，其长度为2~6位数字。如01为人民出版社，100为商务出版社。

③出版序号。是由出版社将自己的出版物按出版先后编制的流水号。

④校验位。最后一位数字（即第10个数字），由0~9或X组成。用于检验该书号是否正确。

（2）图书的码洋、实洋

码洋：图书的定价。

实洋：图书的进货价格。

（3）不同类型的图书与开本

马列著作等政治理论类图书严肃端庄，篇幅较多，一般都放在桌子上阅读，开本较大，常用大32开。

高等学校教材一般采用大开本，过去多用16开，显得太大了，现在多改为大32开。

文学书籍常为方便读者而使用32开。诗集、散文集开本更小，如42开、36开等。

工具书中的百科全书、《辞海》等厚重渊博，一般用大开本，如16开。小字典、手册之类可用较小开本，如64开。

画册的排印要将大小横竖不同的作品安排得当，又要充分利用纸张，故常用近似正方形的开本，如6开、12开、20开、24开等；如果是中国画，还要考虑其独特的狭长幅面而采用长方形开本。

篇幅多的图书开本较大，否则页数太多，不易装订。

（4）图书的主要类别

参考工具书：整理成辞典或百科全书一类的书，提供例如有关某一特定主题领域的事实及日期等资料。许多这类图书均定期修订。应当有合理和系统的整理办法。这类图书无须从头至尾阅读。如《新华字典》等。

标准读物：这类图书经公认为对某一学科的最全面概览，很少引起争论，为学者和专家所接受。通常属于这一学科的基本图书。

初级读本/入门书：这类图书提供某一学科的概要，是适合于未来学习使用的图书。如《计算机基础》等。

通俗读物：这类图书假定读者对该学科并无任何知识，因此对一般读者来说是很有用的入门书。

礼品书；这类图书适合于赠送供欣赏其内容，无论正文还是插图。因此，常常属一般性质，涉及更多的是个人的兴趣，而非工作。

出版社丛书：就某一学科的各个不同方面或就各有关学科出版的读者水平相同的一系列图书。如"人文社会科学是什么"丛书/北大版。

教科书：这类图书阐述某一学科的主要原则，旨在供学习用。例如R. G. D. 利普西著《实证经济学入门》。

儿童图书：这类图书向儿童做关于某一学科的十分简单的介绍。常常附有插图，并且往往可供成年人作为初级读物。例如R. J. 昂斯蒂德著《历史的人》。

专题著作：这是一类有关某一学科的某个单一方面或专业分科目的图书，通常由学者为其他学者撰写。

一般读物：这类图书的读者群最为广泛，出版门类也最多，通常由个人兴趣爱好决定所选图书。如文学作品类图书、人物传记类图书、生活休闲保健类图书等。

（三）中国古代书籍装订形式

我国书籍装订形式，从古至今有许多形式。

1. 简和策

简和策是我国最早的读物。

古代，把文字写在狭长的木片上，称为木简，写在竹片上称为竹简，统称为简，如现今的"页"。

把文字写在较宽的竹茎、木板上，称为牍。

将简或牍用丝、草或藤编排串联起来，就成为一篇文章，称为策。策的含意与现今的"册"相似。策便成为我国最早的书籍装订形式。

2. 卷轴装

以前写在丝绸织物上的书，称为缣帛或"帛书"。帛书可以依文章的长短剪裁下来，卷成一卷，称为卷装；或把上下两边粘在木轴的表面，卷成一卷，就成为一篇完整的文章或图面，称为卷轴装，收藏时卷起来，阅读时可将挂线挂在墙上，轴拉着帛书摊平。如文章很长，可以分成多卷，现在有的书籍称"上卷""第一卷"等，是由卷轴装延伸而来的。卷轴装具有我国民族独特的艺术风格。

3. 经折装

卷轴装帧的文章，在阅读和加工、保存时不太方便，便产生了折本形式。

经折装帧就是将一张长幅的书页按一定的规格，向左右反复折叠成一个长方形的册子，再在其前后两面裱上硬纸板作为封面和封底，阅读时只要把它拉开，就成为一本书的形式。这种装帧最初用于佛教经典，故叫经折装。

4. 旋风装

旋风装是由经折装演变而来的。经折装帧是前面一页和最后一页分开的，如果把经折装的首页与末页粘连在一起，阅读时翻开，遇风时中间的纸页飞起，犹如旋风，保存时合拢，成为一本书。

5. 蝴蝶装

将印有图文的面纸页对折，再把折缝粘连在预制好的订口条上，形成一本书籍，这是散页装订的最初形式，称为蝴蝶装。

蝴蝶装是印刷史上第一次把散页的折缝集中在一边，形成订口而成册。由于蝴蝶装在锁线时，线是穿在拼贴条上的，所以在书页的折缝中间没有线缝，并且在翻阅时可以摊得很平，便于阅读。现在重要的地图集、精美的画册等，仍有采用这种装订方式的。

蝴蝶装的书页，适合于单面印刷，图文向里对折。现在地图集中采用正面印双页图，背面印文字说明或印用色较少的单面图，用蝴蝶装，使正面双页图展开平整。

6. 和合装

和合装的特点是内芯和封壳可以分开，内芯可以调换，封壳硬而耐用。在封壳里层的上下接槽处各连着一条供串线订本用的订条，一般与内芯订口的宽度相同，上面打孔2～3个。装配使用时，将对折或单页组成的内芯，在订口部位根据订条上的孔距位置相应打上孔洞，然后用带子或罗钉与订口条穿起来扎紧，这种装订方式称为和合装。

7. 包背装

包背装将书页背对背地正折起来，使有文字的一面向外，版口作为书口，然后将书页的两边粘在书脊上，再用纸捻穿订，最后用整张的书衣绕背包裹。

8. 线装本

将单面印好的书页白面向里，图文朝外地对折，经配页排好书码后，朝折缝边撞齐，使书边标记整齐，并切齐打洞、用纸捻穿牢，再用线按不同的格式穿起来，最后在封面上贴以签条，印好书根字（即书名），成为线装书。

9. 三眼订

折好书页，配好页，码撞齐相邻的两边，用重物压住书页，手工打眼，穿线打结后，就成为一本书籍的书芯，最后包上封面，再裁切，就成为一本平装书籍。

10. 铁丝平订

将书帖按三眼订同样的操作方法，配成书芯后，用铰丝订书机将铁丝穿过订口的书芯，并在书芯的背后弯曲，把书芯订牢，再包上封面，三边切光，就成为书籍。这种装订方式称为铁丝平订（Writ Side-Stitching）。用铁丝订书籍，因铁丝容易生锈，故常损坏书籍。

四、公共图书馆的特征

公共图书馆具有三个明显的特征：公共公益、平等包容和专业化。

（一）公共、公益

公共图书馆是一种社会制度的安排，这一制度规定由政府从公共税收中支付经费，图书馆则免费为当地居民服务。每个人都具有平等获取人类知识和信息的权利，而维护公共图书馆的公共供给是保障人人平等获取知识和信息的重要途径。从理论上说，公共图书馆的公共、公益性决定了它应该向社会成员免费开放和提供服务。目前，世界各国的公共图书馆几乎都同时提供免费服务和收费服务。免费的称为基本服务或核心服务，收费的称为非基本服务或增值服务。

（二）平等包容

平等包容的公共图书馆服务包括两个方面的含义：每个图书馆向其用户提供平等包容、无差别的服务；整个公共图书馆服务体系向全体社会成员提供普遍均等的图书馆服务。

公共图书馆向所有社会成员开放，要求公共图书馆普通公共服务空间（需要特殊保护的除外）要在承诺的开放时间内向一切个人开放，不设任何限制，也不管个人的阶层、经济能力、性别、年龄等如何。

（三）专业化

公共图书馆的专业化有四个表现：

第一，运用图书馆学的理论、技术和方法，保障读者对所需知识和信息进行有效查询和获取；第二，聘用专业馆员开展智力型业务；第三，公共图书馆智力型业务工作需要专业知识的支撑；第四，依托整个图书馆职业和行业组织的支持，维持并不断提高自身的业务水平。这要求我们加强与其他图书馆的联系，并与行业组织建立联系。其中与行业组织的联系尤其重要，这些组织可以将不同类型的图书馆凝聚为一个整体，同时可以在提供交流平台、制定行业标准、支持人员培训、监督评估服务质量、制定和执行职业道德规范方面获得支持。

员工需要遵循职业道德规范。职业道德规范是用来规范从业人员行为、维护职业声望的重要手段。各国图书馆协会制定的职业道德规范大致包括以下内容：图书馆专业人员对知识、信息、文献的行为规范，如尊重知识产权等；对用户的行为规范，如尊重用户的隐私权；对职业整体的行为规范，如维护职业声誉；对所在图书馆及母体机构的行为规范，如履行与单位签订的合同。

公共图书馆由于服务对象的多样性、需求的多样性、文化的多样性，比其他任何类型的图书馆都更经常遭遇争议问题，因而比其他类型图书馆都更需要职业道德规范的引领。

五、公共图书馆的职能

（一）文献信息保存及传承职能

文献信息保存及传承人类文化遗产是公共图书馆最传统的职能，是图书馆产生之初就具备的功能。

（二）社会教育职能

社会教育职能对公共图书馆来说，显得尤为重要。我们常说，图书馆是没有围墙的社会大学，公共图书馆是人民的终身学校，这些都充分体现了它的教育职能。

（三）文献信息传递职能

图书馆具有中介性，这个性质决定了传递文献信息是公共图书馆的一个重要职能。这一职能一般通过流通、阅览和参考咨询等服务部门来实现。

（四）促进阅读职能

保障民众的阅读权利，促进阅读兴趣的培养和提高，是现代图书馆不可推卸的责任之一。各级公共图书馆通过形式各异的阅读推广活动来实现促进阅读的目标。

（五）休闲娱乐职能

随着现代图书馆职责的扩大，为大众休闲娱乐提供便利也成为公共图书馆的职责。20世纪末，国际图联（国际图书馆协会联合会IF-LA）和联合国教科文组织联合发布的《公共图书馆宣言》对公共图书馆的使命做了12个方面的陈述，使公共图书馆的职能更加具体化。这12个方面具体如下。

从小培养和强化儿童的阅读习惯。

支持个人自学以及各级正规教育。

为个人发展创造力提供机会。

激发儿童与青年的想象力和创造力。

提高对文化遗产的认识，对艺术的鉴赏力以及对科学成就与发明的了解。

提供通过各种表演艺术来表现文化的途径。

促进文化间对话和文化多样性。

发扬口述传统。

确保居民获得各种社区信息。

向当地的企业、社团和利益集团提供必要的信息服务。

提高利用信息和计算机的能力。

支持和参与并在必要时组织不同年龄组的扫盲活动与计划。

六、我国公共图书馆的种类

在我国，公共图书馆基本是按行政区域建立起来的，受当地政府各级文化部门领导，均建在各级政府所在地。

我国的公共图书馆包含以下几个层次种类的图书馆：国家图书馆、省（直辖市、自治区）图书馆、县（县级市、市辖区）图书馆、乡镇（街道）图书馆、社区（村）图书馆及各级少年儿童图书馆。

七、公共图书馆的用户（读者）

（一）定义

凡是利用了公共图书馆所提供的资源、环境以及服务的个人或团体，都可以称为公共图书馆用户（读者）。

（二）用户权利及其保障

1. 用户权利

一般地说，公共图书馆用户权利包括以下四个方面。

（1）文化权利

文化权利是公民的基本权利之一，是指公民在社会文化生活中应当享有的不容侵犯的自由和利益。由于公共图书馆是公共文化设施，因此文化权利是公共图书馆用户应当享有的最基本的权利，包括参与文化生活的权利、分享文化成果的权利、参与文化活动及文化事务管理的权利、文化创造自由权和文化成果得到保障的权利。

（2）平等地享受公共图书馆服务的权利

《公共图书馆宣言》中明确规定：每一个人都有平等享受公共图书馆服务的权利，而不受年龄、性别、信仰、国籍、语言或社会地位的限制。确保公共图书馆用户能够平等地享有图书馆服务，是公共图书馆开展用户服务过程中必须遵循的原则。

（3）自由获取信息的权利

公共图书馆在开展服务的过程中应充分尊重用户自由获取信息的权利，应当向用户公开各类文献信息资源收藏情况和布局、服务种类、服务时间，以及与服务相关的各类规章制度等信息，有义务解答用户询问，辅助用户更好地利用图书馆资源和服务。

（4）用户隐私得到保护的权利

公共图书馆在开展服务的过程中，不可避免会收集和掌握用户的部分私人信息，如用户的姓名、地址、单位、身份证号码、联系方式、阅读习惯等，图书馆有义务对这些信息尊重和保密，确保用户个人信息不向外泄露，也不利用这些信息侵扰用户的生活。（《公共图书馆法》第四十三条：公共图书馆应当妥善保护读者的个人信息、借阅信息以及其他可能涉及读者隐私的信息，不得出售或者以其他方式非法向他人提供。）

2. 用户权利保障

公共图书馆保障用户权利有四个方面的措施：

（1）法律保障

要保障用户的权利，公共图书馆开展各项工作，首先要遵循《公共图书馆法》（世界最早的图书馆活动法是1850年的《曼彻斯特公共图书馆法》；《中国公共图书馆法》于2017年11月4日经十二届人大三十次会议通过，2018年1月1日施行），还要遵循其他相关法律，如涉及馆藏建设的呈缴本方面的法律，涉及数字资源建设的著作权方面的法律法规，涉及网络传播方面的法律法规，等等。这些法律法规是公共图书馆开展各项工作必须遵守的基本原则，也是对用户享有图书馆各项服务的根本保障。

（2）服务理念

要保障用户的权利，公共图书馆开展各项服务工作必须有先进的服务理念做支撑和导向。关于具体的服务理念，我们会在公共图书馆服务中专门讲解。

（3）行业规范

俗话说行有行规。公共图书馆也有自己的行业行为规范和业务工作准则，并以此作为筹划资源建设、规范用户服务、提升管理科学性、提高服务质量的制度化措施来规范公共图书馆的行为，保障用户权利。

（4）技术措施

目前，在公共图书馆的各项业务工作中，数字资源发现与获取、数字版权保护、远程访问控制、读者信息管理等多个方面，都有成熟的技术解决方案，为用户权利保护提供了自动化系统的保障。

（5）社会教育

由于公共图书馆是一个面向全社会开放的文化机构，公共图书馆的建设是一个需要全社会共同参与的工作，所以，社会教育是保障图书馆用户权利的一项重要工作。对内，要加强馆员的法律意识，强化职业道德和业务规范的教育；对外，在用户层面，我们要进行公共图书馆服务相关法律政策和业务规范的宣讲，将有助于图书馆用户树立正确的法理意识，了解保护自身权利的正确方法和途径。在社会层面，进行广泛宣传，将有助于相关政府部门和全体公众正确认识与把握公共图书馆的特点和服务属性，有效监督公共图书馆的工作，对公共图书馆事业的发展给予更全面的理解和支持。

3. 用户培训

公共图书馆有计划、有目标、有步骤地开展用户培训工作，既是公众的文化需求，也是公共图书馆必须履行的职责，更是图书馆提高资源利用率、拓展服务的有效方法。

培训主要包括以下内容。

（1）图书馆基础知识

这是最为基础、最为重要的培训，可以帮助用户了解图书馆基本概况、馆藏资源特点及布局、文献分类常识和查找方法、各类服务介绍等知识，为用户更好地利用图书馆奠定良好的基础。

（2）图书馆资源与服务推介

介绍图书馆最新的资源和服务，使用户能从众多类型的资源和服务中迅速锁定自己所需要的。

（3）文献信息检索技能培训

这是提升用户信息素养的一种比较综合的培训，它教会用户在合理的时间内从种类繁杂、数量庞大的各类资源中获取有用信息，旨在帮助用户更为全面地掌握信息加工和处理的方法，更好地驾驭信息工具。

此外，还可根据用户的需求举办计算机应用能力培训、外语培训等等，以提升公共图书馆的社会影响力，培育潜在用户。

培训主要包括以下方式。

（1）到馆用户培训

一是在专门的教室培训。目前很多图书馆都有系统的用户培训计划，在固定的时间和地点进行。二是与图书馆日常工作相结合对用户进行辅导。这是图书馆参考咨询工作的重要方式。用户在使用图书馆的过程中，可以随时得到馆员的指导和帮助，解决遇到的问题。这种培训贯穿于图书馆服务工作的始终，它可以强化用户的服务感受，提升用户满意度。

（2）用户所在机构的现场培训

针对某一机构的用户进行培训，可根据他们的特点和需求设计课程，易形成培训讲师与用户的互动。

（3）远程培训

通过各种媒体和网络进行培训。大多数图书馆采用集中面授与借助网络进行远程教育相结合的方式开展用户培训。远程培训主要有两种方式：

一是开设专门的网络培训平台或者培训栏目主页。图书馆制作专门的培训录像、交互式培训课件或培训讲义，上传到网上加以传播；有的图书馆通过虚拟参考咨询系统向用户提供远程辅导。远程培训具有成本低、服务范围广、便于维护等特点。

二是利用广播电视网络进行培训。广播电视网络是用户培训的新平台。目前国家图书馆等先进图书馆已经建设有数字电视频道，通过有线电视网络播放培训教育节目，既经济又便捷。

（三）用户满意度测评

用户满意度测评是公共图书馆服务质量评价的重要组成部分。它的基本流程主要包括以下9个环节：

1. 明确测评目的

我们在进行用户满意度测评方案设计时，首先要明确测评的目的是什么，明确是对图书馆的整体服务进行测评，还是对某一项具体服务措施进行测评。

2. 确定测评对象

根据测评的目的和内容，选择适当的对象参与测评，既保证测评对象具有广泛性和代表性，同时保证测评对象与测评内容相一致。

3. 明确测评指标体系

根据美国的最新研究成果，图书馆测评的指标共分22个指标，此外还包括8个附加指标。

4. 问卷设计

问卷设计是测评工作中最为关键的一个环节，它决定着测评工作能否达到预期目标。问卷一般包括背景介绍、填写说明、测评对象基本情况和测评问题等内容。

5. 确定抽样方法

对于任何测评，都不可能面向全体用户开展，一般采取随机抽样的方式确定测评对象。

6. 实施调查

问卷调查可以采取当面问询、信函、电话、网络等形式进行。

7. 数据整理及分析

对回收的问卷进行整理和分析。首先剔除无效问卷，然后根据不同维度和指标进行问题分类与汇总，并通过图表对汇总的数据进行可视化处理。

8. 编制测评报告

首先完成测评统计分析，然后将测评的背景、目标、测评指标设计、调研情况、测评数据分析、测评结果分析等内容汇编成册。

9. 制订改进方案

根据测评发现的问题，逐一对问题产生的原因进行阐述，并制订出有针对性的、可行的服务改进方案。

八、公共图书馆的核心业务

概括来讲，图书馆的业务工作有两大体系：一是信息输入工作（文献信息资源建设）；二是信息输出工作（用户服务工作）。

文献信息资源建设（文献信息输入）主要工作流程有文献信息收集、登录、加工整理、文献组织等环节。

读者服务工作（文献信息输出）主要包括文献提供、阅读推广、参考咨询、文献检索、网络信息导航与服务、用户发展教育培训等内容。

以上两大部分构成了图书馆业务工作体系的主体。基于此，公共图书馆的核心业务可以分成六大部分。

一是信息资源建设。

二是文献加工。

三是文献提供。

四是信息服务。

五是读者活动。

六是乡土知识与地方文化的开发和保护。

第二节　公共图书馆的服务原则

公共图书馆服务有着特定的原则及内涵，它最大限度地满足读者的信息需求是图书馆一切工作的出发点和归宿，始终把"读者第一、服务至上"作为读者服务工作的宗旨，并遵循以下原则。

一、以人为本的原则

以人为本是图书馆服务的首要原则，也是图书馆精神的精髓，以人为本就是指在图书馆服务中，坚持以满足读者需求为核心，以积极的服务态度和认真的服务精神，通过各种措施，调动一切力量，为读者充分获取和利用图书馆各种信息资源提供一切方便。以人为本的原则体现了"一切为了读者"的服务思想和全局性的要求，即图书馆的所有文献、所有人员、所有工作都要把为读者服务当作出发点和归宿，并贯穿于一切服务过程之中。以人为本主要体现在下面几个方面：

（一）从方便读者出发

从本质上说，千方百计减少对读者的限制，是方便读者不可或缺的重要方面。围绕图书馆服务所建立的一系列规章制度和管理办法都是为了维护大多数读者的利益，不应成为读者利用图书馆的障碍。但是，在实际工作过程中，图书馆往往会有意无意地以方便管理为出发点，制定一些限制读者、限制使用、忽视读者方便性的管理措施，这样就必然会给读者造成种种不便。图书馆应当根据客观情况的变化及时地调整和完善规章制度，协调好图书馆、工作人员、读者三方面的关系，既要方便读者，又要建立在科学管理的基础上，真正使图书馆的服务与管理体系以保护大多数读者的利益为出发点，保证图书馆的服务健康有序地发展。

（二）建立科学合理的馆藏组织与揭示体系

经过日积月累，图书馆的馆藏越来越多，内容和形式都较复杂，只有对馆藏进行科学的组织与布局，并通过多功能的目录检索体系指引读者查找文献，才能够使各种类型的读者方便及时地获得所需文献资源，便于工作人员的管理，提高服务效率和服务质量。在图书馆的资源组织过程中，一方面要全面收集和充分揭示文献信息资源，另一方面要按照读者需求组织资源。为有利于读者快、精、准地检索和获得所需要的文献，图书馆应按照科学方法将馆藏文献、网络文献以及可以共享的一切文献组织成一个有序化的资源体系，建立合理的布局，并通过一站式的统一目录体系加以全面揭示和引导。

（三）建立协调统一的服务体系

在现代图书馆，服务与管理都已广泛实现了网络化、自动化，大大缩短了读者查找、获得信息资源的时间，为读者利用图书馆创造了方便。图书馆应充分利用现代管理手段，建立科学合理的服务体系，主动采取多种服务方式为读者服务，体现以人为本的服务原则。

二、平等原则

平等原则是图书馆信息服务最基本的原则，是现代图书馆服务的基本方向，它主要体现在两个方面。

（一）平等享有权利

平等意味着无贵贱之分，无高低(身份)之别，无特权之规定。"图书馆面前人人平等"是图书馆界的"人权宣言"。联合国教科文组织与国际图联1972年公布的《公共图书馆宣言》中早就写明："公共图书馆的大门需向社会上所有成员开放"。之后国际图联起草的《联合国教科文组织公共图书馆宣言》(修订版)指出："每一个人都有平等享受公共图书馆服务的权利，而不受年龄、种族、性别、宗教信仰、国籍、语言或社会地位的限制，向所有的人提供平等服务"。平等原则强调的是图书馆要尊重、关爱每一个用户，坚决维护用户的合法权利。用户的这些合法权利包括：平等享有取得用户资格的权利；平等享有阅读的权利；平等享有个人人格和隐私不受侵犯的权利；平等享有提出咨询问题的权利；平等享有参与和监督图书馆管理的权利；平等享有遵守图书馆规章制度的权利和义务；平等享有提出合理化建议的权利；平等享有接受安全、卫生等辅助性服务的权利；平等享有对图书馆工作进行评价的权利；平等享有自己的合法权益受到侵害时提出改进、赔礼或诉讼的权利。图书馆是通过文献信息资源的传播来保障公众"认识权利"实现的机构，"读者的权利不可侵犯"应成为所有图书馆人铭记的职业信念。

（二）平等享有机会

平等享有机会也就是说图书馆除了应该保障用户平等利用图书馆的权利外，

还应该为所有图书馆用户提供平等利用图书馆的机会，不应有任何用户歧视。国际图联起草的《联合国教科文组织公共图书馆宣言》(修订版)也强调："必须向由于种种原因不能利用其正常服务和资料的人，如语言上处于少数的人、残疾人或住院病人及在押犯人等提供特殊的服务和资料"。它清楚地表明，图书馆服务的平等不仅要求形式上的平等，更要求实质上的平等，要为弱势群体，如阅读能力较低的人、残疾人、犯人或不会利用现代化信息技术获取信息的用户，给予特别关注和提供特种服务，弥补用户自身能力的客观差异，维护和保障社会弱势群体利用图书馆和享用信息资源的权利。

可以说，没有平等就没有人文关怀可言。贯彻平等的原则就要做到使信息资源尽量接近用户，方便用户使用；为用户提供相对宽松和自由的利用环境，消除用户利用图书馆的各种障碍，做到信息资源占有和利用的平等；尊重用户自主查询和利用各种信息资源的权利，坚持守密原则，不监控思想，不窥探用户的个人隐私，尽量为他们个性化的信息需求提供帮助。

三、开放原则

开放原则是图书馆服务的基本原则。开放是服务的前提，没有开放便没有服务。开放服务是图书馆适应时代发展的必然趋势，是现代图书馆服务的重要特征。它包括资源开放、时间开放、人员开放和管理开放，是一种全方位的开放。首先，要将图书馆的所有馆藏资源、设施资源和人力资源向用户开放。通过实施开架借阅、加强图书宣传、健全检索体系等手段来全面揭示馆藏，使所有馆藏全部向读者开放并充分获得利用。要争取馆与馆之间相互开放资源，实现资源共享。其次，要最大限度延长读者利用图书馆的时间，尽量做到节假日不闭馆，从而保证开馆时间的完整性和连续性。而对于虚拟图书馆，则要求提供7×24小时的服务。再次，图书馆要向所有人开放，无论其国籍、种族、年龄、地位等。图书馆不仅是社会文化教育中心，也是一个人们相互交流、休闲、娱乐的场所，是具有综合功能的社会文化中心，每个人都应享受利用图书馆的权利。最后，图书馆应建立用户参与管理、参与决策的机制，如设立"用户监督委员会"之类的非常设机构，公布"馆长信箱"、设立"读者意见箱"等，认真听取用户对图书馆服务的意见、建议，接受他们对图书馆服务工作的监督，并在可能的情况下让读者直接参与决策过程，将反馈结果向全部用户开放。图书馆要重视用户的评价，查找差距，改进工作，以此促进图书馆服务工作开展。

四、方便原则

为服务对象提供方便，是任何一种服务都要追求的目标，图书馆也是通过服务来发挥其功能的。方便原则体现的是现代图书馆服务的内在品质，是图书馆业务的目标和工作努力的方向。实践表明，用户在决定是否选择和利用信息时，可获得性和易用性往往超过信息本身的价值。因此，图书馆在开展信息服务时，应为用户的信息获取和信息使用提供最大的便利，创造文献与人的和谐关系。如实行开架借阅，最大限度地拉近读者与资源之间的距离；文献标引准确、规范，排架合理，为读者方便快捷地接近、利用实体馆藏创造条件；资源检索一站式，力争一索即得；建筑格局采用大开间、灵活隔断的开放式模式；导引标识简明易认，一目了然；人机交互界面友好，操作"傻瓜"化；尽量减少读者寻找书刊、排队等候、往返楼层等无效劳动，提高效率；信息检索与参考咨询网络化；服务设施无障碍、人性化；服务方式灵活多样；简化办证手续、扩大读者范围；保证开馆时间；开展自助借还、送书上门服务等。总之，要千方百计从细微处方便用户，一切以方便用户为目的来开展图书馆的各项工作，让用户感到方便无处不在。

五、满意服务原则

满意服务原则是图书馆服务诸原则中的核心原则。用户是否满意及其程度如何，是衡量图书馆服务质量的最终标准。用户对图书馆服务是否满意，实际上就是用户对图书馆的文献资源、工作人员、服务方式和环境设施等要素的预先期望与其实际感受的对比。如果按照现代企业管理的CS(Customer Satisfaction)理论，图书馆服务的满意原则将包括服务理念的满意，服务行为的满意和服务视觉的满意三个方面。服务理念的满意，是图书馆的办馆宗旨、管理策略等带给用户的心理满足感。服务行为的满意，是图书馆的行为状况带给用户的心理满足状态，如图书馆的各项业务建设、制度规章、服务项目、服务态度、服务能力、服务效果等，是图书馆理念满意思想的外部表现形式。服务视觉的满意，是图书馆所具有的各种可视性的显在形象带给用户的心理满意状态，是图书馆理念的视觉化形式。它不仅包括对图书馆的环境、氛围、设施设备的性能的满意，也包括对图书馆及其相关工作人员职业与业务形象的满意。坚持满意服务原则，除了要坚持"一切为了读者"，积极采取多种措施、开辟多种渠道，多层次、多形式满足用户需求外，还要建立起不同层次的评价指标，分别从不同的角度进行评价以准确反映用户的满意程度，不断改进图书馆的服务工作。

六、特色服务原则

图书馆由于工作性质、任务、服务对象和地域的不同，在信息资源的搜集与建设、服务的方式、管理等方面，呈现出各自独特的内容或风格，显示出不同的特色。特色服务主要以特色信息资源为基础，是专业性、专题性或专指性的服务，是有针对性地满足特定用户的特殊需要的重要手段。在网络信息资源极大丰富的今天，用户的信息需求更加趋向微观化和个性化，他们需要的是个性化的、特色化的、专业化的文献信息。因此，信息服务要有针对性和特色性，多层次、多角度地满足用户的需求。没有特色，图书馆就难以在林立的信息机构中生存和发展。图书馆只有独树一帜，树立品牌特色服务，才能吸引更多的用户，得到更好的发展。

七、创新服务原则

阮冈纳赞的《图书馆学五定律》的第五定律提出"图书馆是一个生长着的有机体"。这就意味着图书馆所收藏的文献信息、用户的信息需求、服务技术以及馆员的业务能力和业务水平都是在不断增长、不断变化着的，而图书馆正是在这种不断变化与创新中发展起来的。要创新，首先要树立创新意识，确立主动化、优质化、品牌化、专业化的服务理念。具体体现在：服务中要主动想方设法贴近用户，处处为用户着想，为他们提供尽可能的方便；讲究"精、快、广、准"的服务质量，满足用户求新、求快、求便捷的心理；通过特色馆藏、特色服务、特色活动、特色环境等突出本馆服务特色，建立图书馆特有的品牌服务；建立一系列严格的业务规范与规则，凸显图书馆服务的专业化。其次，要创新服务内容。如在信息服务方面，要努力从文献提供服务向知识提供服务转变；加大参考咨询特别是网上虚拟参考服务的力度；增加网上信息导航；开展个性化信息服务；充分利用各种资源，开展形式多样的读者活动等。再次，要创新服务方法。如改变以往单一的馆藏文献借阅服务模式，利用现代网络平台，提供多种数据库服务、知识库服务以及各种在线或离线信息服务和主动推送服务、虚拟参考咨询服务、网络呼叫、智能代理服务等。

八、资源共享原则

随着社会的进步和科学技术的飞速发展，文献出版数量剧增，各种信息大量涌现。任何图书馆没有必要，也没有经费去全面搜集、存储各种信息资源。但面对用户日益增长和不断扩大的信息需求，图书馆只有树立资源共享的观念，走资源共享的道路，变"一馆之藏"为"多馆之藏"，才能减轻单个图书馆的负担，既能最大限度地满足用户对知识、信息的需求，又能充分发挥馆藏文献信息资源的作用。资源共享将有力地促进人类知识的继承和发扬，实现人类的共同进步和发展。为此，不同系统、不同级次的图书馆要积极地加强图书馆之间的联合和合作，加强信息资源的共知、共建、共享，从而极大地提高图书馆事业在社会中的地位和发挥其知识宝库的重要作用。

第三节 公共图书馆的服务功能

作为准公共产品和公共文化服务组织，公共图书馆的基本功能就是提供知识产品和文化服务，能够实现引导科学、积极、向上的价值观，增强民族凝聚力。

一、文献信息保存和文化信息传承

公共图书馆作为图书馆的重要类型之一，其基本功能是藏书。在漫长的人类发展历史过程中，不论是甲骨文，抑或是简策、版牍，甚至包括现代社会的精装书或数据化信息，都是人类文明发展的证明和历史前进的痕迹。在现代科技文明的世界里，我们更加需要对文献信息进行保存、对人类文明进行传递。所以说，公共图书馆作为信息存储、处理和交流的中心，必须要具备保存文献信息和传承文化信息的功能。

二、开展社会教育

公共图书馆作为开展公共服务的机构，应该履行社会教育的基本功能，通过公益讲座、免费培训、文化展览等多种多样的文化活动发挥其提升人民群众涵养、传播崇高文化的作用，为树立文化自信、构建和谐社会贡献力量。

提高公民文化素养和精神文明素质是公共图书馆服务读者的核心目的，一方面体现在以文献资料作为先进文化信息传播的载体，通过向公共图书馆的读者提供全面的服务内容，弘扬优秀的、先进的文化，服务于广大的人民群众；另一方面体现在以实现全社会公民终身学习和提升自我价值的平台，将阅读习惯转变为一种社会流行风向，有效实现社会教育的功能。公共图书馆通过举办丰富多样的文化活动，有效构建了良好的学习环境和文化氛围，不仅培养了广大读者的文化自信心，还能够让更多的公民在普通的事件中吸收到无形的文化滋养，推动社会教育的发展和进步。

三、传播科技文化

在经济全球化和社会发展的需求中，信息技术被广泛应用。图书馆从采访、藏书补充、藏书建设、文献资料编目、文献资料流通阅览、信息检索，一步步发展到信息资源建设。从20世纪80年代开始，由于网络技术和数字技术的广泛应用，传统的文献资源建设实现了信息数字化管理和建设。所以，在信息化、数字化快速发展的今天，公共图书馆作为一个城市的信息交流中心而存在着。在网络建设的基础上，现代公共图书馆由传统模式转变为电子图书馆、虚拟图书馆、数字图书馆、网络图书馆等，现代公共图书馆也逐渐实施了信息资源的开发、利用和共享的工作活动，发挥了传播科技文化的功能。

四、开创公共文化空间

目前，我国的公共图书馆基本实现了免费开放，并逐步提高了软件设备和硬件设施的建设水平，完善了各种各样的图书馆功能。在保留基本的借阅功能的基础上，越来越多的城市公共图书馆创设了优美舒适的阅览环境，开设了个性化的功能区域，扩充了数据资源存储，增加了多种多样的文化创新产品和活动场所。作为公共文化空间的典型代表，这样的公共图书馆成为了广大读者丰富日常学习生活和进行休闲娱乐活动的公益平台。

五、创新的咨询服务

自图书馆学成立以来，图书馆的基本属性就是藏书机构。公共图书馆是一个供广大读者借阅图书和查询参考资料的重要公益平台。考虑到服务时间与一般城市居民的工作时间有冲突，大部分的居民无法享受到图书馆的服务。所以，随着互联网的发展和智能移动终端的普及，在越来越多的读者的阅读习惯从传统纸质阅读转变为碎片化的电子阅读之后，公共图书馆也逐渐开发出了咨询服务的新功能。当遇到文献信息查询和获取等方面的问题时，人们不仅可以通过图书馆内的自主服务机器解决，还可以通过公共图书馆专属APP或网页界面等平台即时咨询服务人员。

六、实现有效沟通交流

通过公共图书馆，人民群众可以自觉、自发地查询文献资料和信息，这是公共图书馆的基本功能之一。为了满足读者的需求，公共图书馆必然要通过与读者互动沟通积极了解服务对象的信息需求和存在的问题。在多种多样的活动中，不同的读者之间也得到了交流和互动的机会，不仅能休闲放松，还能发挥个体的特征，实现有效沟通交流。

七、成为代表城市的名片

作为城市文化发展的代表，具有现代审美风格的各大城市的公共图书馆已经逐渐成为了城市的文化名片，不仅融入了广大人民群众的日常生活，还具备了向其他城市乃至全世界展示城市文化风貌的功能。读者们在公共图书馆内表现出良好的阅读习惯和积极的学习状态，代表着该城市居民的文化素养和精神面貌。

第二章 图书馆基础服务体系

第一节 图书馆的信息资源体系

一、信息资源体系

（一）信息资源体系概述

信息资源体系是指信息资源各要素相互联系、相互作用而形成的具有特定功能的有机系统。它是指一定范围内，经过布局、收集、整理、保存并提供利用的所有信息资源的集合。面向用户的资源与服务整合是根据一定的需要，对各个相对独立的信息资源系统中的数据对象、功能结构进行融合、类聚和重组，重新结合为一个新的有机整体，形成一个效能更好、效率更高的信息资源体系，从而保证信息资源更好地被利用。这包含三个方面的内容：一是将内部信息资源和外部信息资源进行有机融合；二是构成一个高效合理的信息资源体系；三是实现信息资源的整体利用价值。加强信息资源体系建设应从两个方面入手：一是应当保证各图书馆每年都能入藏一定数量的各具特色的信息资源；二是通过信息资源整体建设，建立起能在一定范围内有效地保障社会信息需求的信息资源系统，称为信息资源保障体系。

（二）信息资源体系规划

信息资源体系规划就是根据信息资源体系的功能要求来设计这个体系的微观结构和宏观结构。在微观层次上，就是每一个具体的图书馆根据本馆的性质、任务和读者对象的需求，确定信息资源建设原则、资源收集的范围、重点和采集标准，提出本馆信息资源构成的基本模式。在此基础上，制订信息资源建设计划，安排各类型信息资源的数量、比例、层次级别，形成有内在联系和特定功能的信息资源结构，建立有重点、有特色的专门化的信息资源体系。微观规划在时间上表现为短期规划，包括年度计划、季度计划等，是信息资源建设的具体实施计划。

宏观层次上的信息资源体系规划就是从一个系统、一个地区乃至全国的整体出发，对信息资源建设进行统筹规划、合理布局，制订各种类型的图书馆及各类型信息机构之间在信息资源的收集、组织、储存、书目报道、传递利用等方面的协调与合作规划，从而形成相互依存、相互联系的整体化、综合化的信息资源体系。它通常会受到各种内外环境如政治、经济、文化，以及各馆已经形成的馆藏体系、服务对象等诸多因素的影响。宏观规划又分为总体规划和长期规划。总体规划指一个图书馆对本馆信息资源建设的总方向、指导思想、最终目标等所做的构想与规定，解决信息资源建设中带根本性、全局性和长远性的大问题。长期规划，通常有三年规划、五年规划等，主要用于确定规划期内信息资源建设的发展目标、任务及实现的途径和结果。

二、信息资源建设

（一）信息资源建设的定义

目前，学术界对信息资源建设概念的理解还不完全一致，主要有以下两种。

1. 情报学界对信息资源建设概念的理解

情报学界在图书馆界提出文献资源和文献资源建设概念之前，就已经对信息资源、信息资源建设的一些问题展开了讨论。随着20世纪80年代中期国外信息资源管理理论进入国内及我国正式与国际互联网接轨，信息资源建设就成为情报学理论界的研究内容及信息机构的工作内容。20世纪末，国家计委、原国家科委与国家信息中心联合下发了《关于开展全国信息资源调查的通知》，对全国数据库和电子信息网络资源进行调查。之后原国家科委又下发了《国家科委关于加强信息资源建设的若干意见》，该文件将数据库建设确定为信息资源建设的重点。从上述这些文件中可以看出，情报学界所说的信息资源建设主要是指网络信息资源建设，即数据库的建设。

2. 图书馆界对信息资源建设概念的理解

图书馆界认为，信息资源是经过人类采集、开发并组织的各种媒介信息的有机集合。也就是说，信息资源既包括纸品型的文献信息资源，又包括非纸品的数字信息资源。所谓信息资源建设是指图书馆根据其性质、任务和用户要求，有计划地系统地规划、选择、收集、组织各种信息资源，建设具有特定功能的信息资源体系的整个过程和全部活动。

目前，信息资源建设已经成为图书馆界、情报界和其他信息工作领域普遍接受并广泛使用的概念。它与文献资源建设相比较，其内涵与外延更为广泛。因此，应将情报学界与图书馆界关于信息资源的不同理解加以整合，信息资源建设应该包括（传统型）文献信息资源建设和数字信息资源建设这两部分。因为只有将（传统型）文献信息资源建设和数字信息资源建设都包含进去，才能形成一个完整的信息资源建设概念，才是对信息资源建设含义的完整而准确的理解。

（二）信息资源建设的主要内容

信息资源建设是人们对处于无序状态的各种类型的信息进行收集、选择、加工、组织和开发利用等活动，使各种信息资源形成可利用的资源体系的全过程。其主要研究内容包括以下七个方面：

1. 信息资源的体系规划

信息资源体系是指信息资源各要素之间相互联系、相互作用而形成的具有特定功能的有机系统。信息资源体系规划就是根据信息资源体系的功能要求来设计这个体系的微观与宏观结构。

在微观层次上就是每一个具体的图书馆根据本馆的性质、任务和读者对信息的需要，确定信息资源建设的原则、资源收集的范围、重点和采集标准，提出本馆信息资源构成的基本模式，制定本馆信息资源采集政策，安排各类型信息资源的数量、比例、层次级别。形成有内在联系和特定功能的信息资源体系，使整个文献信息资源形成重点突出、有特色的多元化的信息资源体系。

在宏观层次上，还要与本地区、本系统的文献信息资源建设相适应，与本地区、本系统的图书情报服务机构协作、协调，统筹规划本地区、本系统文献信息资源的收集、组织、贮存、书目报道、传递利用，从而形成相互依存、相互联系的整体化、综合化的信息资源体系。

2. 信息资源的选择与采集

根据已经确定的信息资源体系的基本模式，通过各种途径，选择与采集信息资源，建立并充实馆藏，信息资源的选择与采集是信息资源建设的基础工作。信息资源的选择与采集工作包括以下三个方面。

（1）印刷型文献的选择与采集

根据既定的信息资源选择与采集的原则、范围、重点、复本标准、书刊比例等，通过各种渠道和各种方式，采集所需要的文献，建立并不断丰富实体馆藏资源。

（2）电子出版物的选择与采集

这里所说的电子出版物是指以实体形式存在的、单机或在局域网络中镜像存储使用而非网络传递的电子信息资源。图书馆要根据读者需求、电子出版物本身的质量、电子出版物与本馆其他类型出版物的协调互补、电子出版物的成本效益等原则进行选择和采集。

（3）网络信息资源的选择与采集

网络信息资源包括付费订购使用的数据库、免费使用的网页信息资源等，网络数据库是图书馆通过签约付费，可远程登录、在线利用的电子信息资源。国内外许多数据库生产商或数据库服务集成提供商已开发出各种文献数据库，直接购买这些产品或服务。也是信息资源选择与采集的重要内容。

3. 馆藏资源数字化与数据库建设

馆藏资源数字化是网络环境下信息资源建设的重要内容之一。因为只有经过数字化处理的文献才能通过网络为人们所共享。图书馆应通过计算机和大容量的存储技术、全文扫描技术、多媒体技术，将馆藏中有独特价值的印刷型文献转化为扫描版全文电子文献，制成光盘或网上传播。

数据库建设是数字信息资源建设的核心内容。对图书馆来说，数据库建设主要有书目数据库和特色数据库建设。书目数据库是开发图书馆信息资源的基础数据库，也是图书馆实现网络化、自动化的基础；特色数据库是图书馆特色资源的集中反映，是图书馆充分展示其个性，提高其社会影响力和信息服务竞争力的核心资源。图书馆要根据本系统、本地区的社会需求和本馆的技术力量、经费等条件，选择适合的主题，系统地将馆藏资源中的特色文献制作成独具特色的文献数据库或专题数据库，并提供上网利用。

4. 网络信息资源的开发利用

因特网信息资源极为丰富，图书馆对它进行开发组织，就可以使这些分布在全球的网络信息资源成为自己的虚拟馆藏。这种开发和组织就是根据用户的需求与资源建设的需要，搜索、选择、挖掘因特网中的信息资源，下载到本馆或本地网络之中，通过分类、标引、组织、网络或其他方式提供给用户使用，或者链接到图书馆的网页上，如建立因特网信息资源导航库，以方便读者迅速检索到自己感兴趣的有价值的网络信息资源。这种虚拟馆藏对图书馆及各类型信息机构的信息资源建设和信息服务具有重要意义。

5. 信息资源的组织管理

图书馆对本馆已入藏的实体信息资源进行的组织与管理。包括：对入藏的文献信息资源进行加工、整序、布局、排列、清点和保护，使信息得到有效利用；对数字化信息资源进行整合，将购买的数据库与自建的数据库有机地集成在一起，对其内容进行充分的揭示，实现跨库检索，提供"一站式"服务，使用户能够像利用传统文献一样熟悉和利用数字信息资源。

6. 信息资源共建与共享

信息资源共享是人类社会的崇高理想，是图书馆为之奋斗的最高目标。而信息资源共享的前提是信息资源共建，在新的信息环境中，文献信息数量激增与图书馆有限收藏能力的矛盾加剧，信息需求的广泛性和复杂性与图书馆满足需求的能力形成强烈的反差。网络环境使信息资源共建共享变得更为必要和迫切，同时也为信息资源共建共享提供了重要的技术支持。

在新的信息环境中，信息资源共建共享的主要内容包括：根据图书馆类型、性质和任务及本地区文献信息资源现状，通过整体规划明确图书馆之间文献信息资源采集的分工协作，建设相对完备的文献信息资源保障体系；建设完备、方便快捷的书目查询信息网络，实现网络公共查询、联机合作编目、馆际互借、协调采购等功能，建立迅速高效的馆际文献传递系统，实现文献信息资源的共建共享。

7. 信息资源建设的基本理论与方法的研究

信息资源建设是一项复杂的系统工程，它离不开理论的指导。因此，对信息资源建设基本理论和基本方法的研究，是信息资源建设的重要内容之一。其研究的主要内容包括：信息与信息资源及各种类型信息资源的形成、特点和发展规律；信息资源建设的原则、政策、方法及其实施；信息资源的采集、加工整理、组织管理的技术手段和业务流程；信息资源的选择与评价理论；数字信息资源建设的技术与方式方法；网络信息资源内容开发与数据库建设；信息资源共建共享的理论基础、结构模式、运行机制、保障条件；信息技术在信息资源建设中应用等有关新观点、新技术、新方法的研究等。

第二节　图书馆的信息服务体系

图书馆信息服务是指在网络环境下，图书馆利用计算机、通信和网络等现代技术从事信息采集、处理、存贮、传递和提供利用等的一系列活动，其目的是为了给用户提供所需的分布式异构化数字信息产品和服务，满足信息用户解决现实问题的信息需求。更确切地说，现代图书馆信息服务是对有高度价值的图像、文本、语音、音响、影像、影视、软件和科学数据等数字化多媒体信息进行收集，进行规范性的加工，进行高质量保存和管理，实施知识增值，并提供在广域网上跨库链接的数字信息存取服务。同时，它还包括知识产权存取权限、数据安全管理等。而"体系"一词在《辞海》中的含义是"若干有关事物相互联系、相互制约而构成的一个整体"。由此可见，图书馆信息服务体系是指有关利用图书馆信息资源为用户提供信息线索、信息内容、信息服务的组织、制度、方法之整体。

一、图书馆信息服务

（一）图书馆信息服务的特点

图书馆信息服务是一种高效的网络化、数字化信息服务，是现代信息服务的高级形式，它从服务内容、载体形式、服务模式、服务策略与方式等诸多方面都具有区别于传统信息服务的特点。具体表现如下。

1. 服务资源的数字化、虚拟化

信息服务资源数字化，即指信息以计算机可读形式存贮；信息服务资源虚拟

化，是指信息资源表现出来的只有使用权而无所有权的非占有性。现代图书馆的馆藏不仅包括载体形式多样的本地实体数字信息资源，而且包括大量网上的分布式的虚拟数字信息资源，其特点是收藏数字化、存储虚拟化。

2. 服务内容的知识性、精品化、多样化

现代图书馆信息服务强调信息资源的开发与利用，为信息用户提供的不仅仅是信息线索及相关文献，更主要的是直接提供所需用于解决现实问题的知识。信息的精品化源于电子信息量的急剧增长，促使用户越来越重视信息的质量和浓度，而不是资料的数量，精品化的信息服务以信息的内在质量为保证，应具有"广、快、精、准、新"等特点，要以高品质的服务满足社会用户需求。同时信息服务的内容是多方面的，几乎包括所有信息资源类型，信息资源的选择呈现出复杂性和多样性。

3. 服务方式多元化、多层次化

现代图书馆是一个开放式资源体系，用户可以在任何一个地方通过终端以联网的方式查找所需信息。同时，图书馆进一步扩大了自身对文献信息的收集存储和开发功能，随时在网上发布各种文献资源的消息，不断地向用户提供所需的信息和知识，对读者进行"引导"或"导航"。根据用户的不同需求，增设服务项目，推出新的服务产品，其服务方式是主动的、多元的、多层次的。

4. 信息存取网络化、自由化

互联网的真正价值就在于可以通过网络来快速传递信息资源，这就是信息存取的网络化。网络化传播文献信息将成为现代图书馆信息传播的主要手段。它彻底改变了传统的信息提供和获取方式，将分散于不同载体、不同地理位置的信息资源以数字方式存贮，通过网络连接，提供即时利用，实现了真正的信息资源共享。现代图书馆信息服务系统中，大量经过整合的数字化信息资源可以不受时间和空间的限制，在开放的空间里顺畅、自由地传递。用户可以根据自己的特定需要，自由访问那些适合自己的图书馆信息资源。

5. 服务手段网络化

现代图书馆的信息服务与传统的信息服务不同主要有以下三点：首先是信息机构网络化，变单体为组合，多种多样的信息服务机构构成四通八达的信息服务网络；其次是信息资源网络化，变独享为共享，各信息服务机构致力于开发各种各样的专业数据库并将它们提供上网，汇成信息十分丰富的网络信息资源；最后是信息服务网络化，变手工服务为网络服务，信息服务人员利用网络信息资源来满足用户资源需求，而且让用户参与信息的收集和研究。

6. 资源利用共享化

以数字化资源为基础，以网络技术为手段，实现跨越时空的资源共知共建共享，是人类实现共知共享全球信息的崇高理想。现代图书馆的资源共享使众多的图书馆能够借助网络获取自身无法具备的数字信息，同时也能够将自身拥有的数据信息提供给网络用户共享，从而尽可能地避免资源重复建设，极大地拓展信息资源的拥有量，最终使整个社会的信息获知能力得以提高。

7. 服务环境开放化

在网络出现以前，图书馆建筑实体的围墙实际上界定了图书馆信息服务工作的范围。现代图书馆信息服务环境从封闭式实体馆舍转变到开放式数字空间，计算机网络将现代图书馆置身于广阔的信息空间里，最大限度地拓展了图书馆信息交流与服务的空间，图书馆真正进入一个共建共享、共同发展的新阶段。

8. 服务范围市场化、社会化

现代图书馆信息服务的服务范围与用户越来越市场化和社会化。面对市场经济和网络化社会，读者利用图书馆，不再限于单纯地利用书目信息服务，获取所需文献的线索或从图书馆获取原文，而是能得到全程性、全方位的知识信息。网络技术的发展为读者提供了开放化信息需求的客观环境，加速了读者信息需求社会化的进程，信息产品已成为图书馆自立于信息社会和市场的一个标志。图书馆为了自己的生存和发展，必须走信息服务社会化之路，为广大的信息用户服务。

9. 信息检索智能化

现代图书馆的检索技术不是采用传统图书馆中惯用的关键词及其逻辑组合的方法，而是通过智能式人机交互方式来检索信息。以知识为基础的智能检索方法，是数字图书馆在信息检索方法上的重大变革。读者可以通过自己的"自然语言"，不断地与系统进行交互，逐步缩小搜索目标，获取自己所需的文献资料。

（二）图书馆信息服务的方式

1. 公共目录查询服务

目前,大多数图书馆都提供了联机模式或WEB模式的公共目录查询服务,供读者通过网络查询本馆的馆藏书目信息及读者的个人借阅信息。这是图书馆实现服务网络化的标志性、基础性的服务模式,也是应用最为普遍的网络化服务方式。

2. 建立图书馆门户或网站

网站作为图书馆提供各类网上信息服务的基础平台或服务窗口,是网络信息技术在图书馆服务领域的重要应用。目前,要想获得某图书馆的各种网上信息服务,通常是从登录该馆网站开始的。

3. 一般性读者服务

一般性读者服务主要是通过网站提供以下服务内容:①图书馆要闻,将图书馆的最新消息,如新引进的数据库、新提供的服务等信息发布在网页的醒目位置,帮助读者跟踪最新的服务动态;②图书馆概况,一般包括图书馆简介、馆藏状况、机构设置等内容;③读者指南,主要是在网站主页上放置读者帮助信息,包括开馆时间、馆藏布局、服务项目介绍以及常用软件工具下载、检索指南等辅助性内容;④读者意见及反馈,主要通过电子邮件、留言簿、电子公告板（BBS）等方式实现。

4. 数字文献检索服务

此项服务是现代图书馆信息服务的核心内容和基础性服务模式,主要通过可供网上查询的各类数据库来实现。根据数据库的文献信息类型、载体形式、使用方式,可概括为以下四种主要服务方式:①光盘数据库网上检索服务,主要通过光盘镜像发布软件、WEB检索接口软件等,实现光盘数据库资源的网上检索利用;②网络数据库镜像服务,通过建立网络数据库本地镜像的方式,能极大地提高图书馆数字文献的网络检索服务质量;③在线数据库授权检索服务,通过购买数据库网络使用权,开展网络虚拟资源检索服务,已成为网络环境下文献信息服务的重要组成部分;④自建特色数据库服务,近年来,许多大中型图书馆都建立了特色文献数据库,提供网上查询服务。

5. 数字化参考咨询服务

随着信息技术的迅猛发展,图书馆正在兴起一种新型的信息咨询服务模式——数字化参考咨询（Digital Reference Service），也称为虚拟参考咨询服务（Virtual Reference Service）、网络参考咨询（Networked Reference Service）或在线参考咨询（Online Reference Service）。

数字化参考咨询使得咨询工作不再受时间和空间的限制，它主要通过以下几种常见的服务模式向远程用户提供同步咨询、异步咨询和合作式咨询服务，随时解答用户的问题。数字化参考咨询服务包括：自助式咨询模式、电子邮件（E-mail）咨询模式、（Homepage 信息咨询网页）模式、实时咨询模式、网络信息专家咨询系统模式、网络合作咨询模式等。

6. 资源导航服务

根据用户需要，图书馆利用导航技术，帮助用户查找、鉴别和选用信息资源。如资源分类浏览服务、新书导读、学科指南、数据库指南等。把常用的、重要的数据库地址或相关的信息资源预先汇集起来，或建立专业导航库，帮助用户从网上查找所需有价值的信息；同时，通过搜索引擎等各种检索工具，收集、加工和整理网上各种有用信息资源，转化为用户所需要的特定信息，提供给用户。

7. 特色化服务

特色化服务主要包括：①电子文献传递、馆际互借服务，利用文献传递系统，与国内外的同行和有关部门建立同盟，形成文献传递的协作关系，向各自的服务对象提供电子文献传递服务；并通过电子邮件、传真、复印等方式传递给用户；②中间代理服务，如为用户提供科技查新、代查代检等服务；③学科导航；④新书评介、导读服务；⑤期刊目次通告服务；⑥多媒体信息服务等；⑦个性化服务。利用信息过滤、信息报送和数据挖掘等智能技术，针对不同用户采取不同的服务策略，提供主动服务，使用户通过尽可能小的努力获得尽可能好的服务；⑧多媒体信息点播；⑨基于学科馆员的知识服务。

8. 网络教育

网络教育是一种全新的教育方式，采用远程教学，利用多媒体技术，将课程教育、专题教育、普及教育等方式结合起来，满足用户教育的需求。

（三）图书馆信息服务模式

随着现代图书馆逐步发展和成熟，数字信息资源、信息服务系统和用户信息环境的发展与变化，其信息服务模式经历了一个由"馆员中心""资源产品中心"到"用户中心"的发展变化过程。

1. 馆员中心服务模式

馆员中心服务模式是一种从信息服务人员出发，并以信息服务人员为中心的服务模式。信息服务人员在这一模式中处于主动、主要和中心的地位，是信息服务工作的中心，一切工作以是否有利于服务人员开展服务工作为目的，而过少考虑信息用户的主动参与。用户自始至终处于被动接受的地位，不能主动地选择和参与信息服务产品的生产，只能坐等服务人员给他们提供产品，他们的需求在服务人员的信息服务工作中得不到充分的反映，因而也就得不到充分有效的满足。这种被动坐等的信息服务模式很难适应现代图书馆信息用户的需求。

2. 资源产品中心服务模式

资源产品中心服务模式，是一种面向信息资源的，并以信息服务产品为中心的信息服务工作模式。信息服务人员通过对信息资源加工增值形成信息服务产品，并以某种策略与方式提供给信息用户使用。在这种服务模式中，服务活动的中心是信息资源与产品，关注的是信息资源的加工和服务产品的生产，服务人员较少去考虑信息用户的需要。此服务模式各要素中突出服务资源、产品的地位，用户是客体，始终有求于图书馆，居于从属地位，信息服务人员的特定服务和信息用户的能动性受到忽视。这是一种传统型的信息服务模式，在现代图书馆发展的初期阶段发挥了重要作用，但随着现代图书馆信息环境的变化与发展，此模式在数字图书馆信息服务中已经缺乏生机与活力。

3. 用户中心服务模式

用户中心服务模式，就是信息服务工作一切从用户信息活动出发，基于信息用户的信息需求并以用户信息需求的满足与问题解决为目标的信息服务工作模式。信息服务工作从信息用户出发，根据信息用户的信息需求与解决问题的信息活动的需要，以某种策略与方式生产用户需要的信息产品提供给信息用户，用户需求与问题在这个服务活动中得到彻底解决。用户中心服务模式充分注意到了现代图书馆信息服务活动各要素之间合理结合与服务系统功能放大，特别强调了信息用户在信息服务活动中主观能动与参与作用，用户是这一服务模式中的主体。用户中心服务模式是当今与未来数字图书馆信息服务的主流模式。

（四）图书馆信息服务原则

信息社会对图书馆信息服务提出了更高的要求，文献的服务方式、服务内容、服务手段、服务范围、服务意识、服务模式等都有较大的调整和转变。因此，我们应该遵循以下文献服务工作的原则。

1. 服务方式多样化

人类进入21世纪，现代信息技术发展突飞猛进，传统馆藏内涵的扩充和数字图书馆的出现，对图书馆的传统文献服务工作方式提出了挑战。信息社会是以数据库信息技术为利用对象，以信息技术为手段，以电子文献的形式提供给用户的交互服务。文献信息传递具有多向性的特点，图书馆一对一、人对人的传递方式将被一对多、机对人、几对机的情报型传递方式所取代。对一个图书馆的评价已不仅仅局限于馆藏量、座位数等。而应评价图书馆通过多少种方式为读者提供了服务，以及提供各种服务的快捷性、能力和质量等如何。

2. 服务内容个性化

在信息社会，图书馆面对的将是建立在广泛基础上的需求日趋多元化、个性化的用户，图书馆要改变以馆藏为中心的传统服务模式。代之以藏用并重甚至以用为主，最终目标是针对每一个人和每一项特定任务，为特定的信息找到特定的用户，使信息发挥最大效用。目前，基于网络环境的个性化信息服务模式已初露端倪，大体有词表导航、推送服务、信息传播服务等中介信息服务。图书馆员要密切关注网络环境下信息服务的发展和变化，及时掌握新技术，才能保证并满足用户个性化价值追求的需要。

3. 服务手段网络化

传统的文献服务手段是单一的。读者通过口头咨询或利用各种索引及文摘等检索工具检索到所需图书的有关信息，然后到借阅窗口索取文献。在阅览方面，也是只提供现有的纸质文献，而且是只能自己去翻阅。在其他方面，也缺少一定的服务手段。

在信息社会中，图书馆信息服务手段发生了根本性的变革，由传统的文献信息服务转变到网络化信息服务，出现了数据库、电子出版物、电子邮件等形式的多种服务手段。读者的咨询除了面对面、信函、电话等外，还可以利用终端机通过网络进行信息远程查询，在网上进行交互式问答，通过电子函件进行服务，读者的检索可以随时随地在网上进行，查询范围也超越了馆藏的界限，可以利用整个网络世界的信息资源，提供网络查询服务将是图书馆服务的一个主窗口。

4. 服务范围远程化

传统的文献服务工作总是处在一个特定的地域范围内，都有自己的特定服务对象，通常人们会按照"就近原则"选择离自己最近的图书馆。这种传统的服务方式存在两个弊端：一是少数图书馆拥有的信息资源必定有限；二是各图书馆服务读者范围相对固定，不利于信息资源的广泛传播和充分利用。互联网的出现，使单个图书馆成为信息网络上的一个节点，人们可以在网络中使用全地区、全国、全球的信息资源，读者对图书馆存取方式可以不受时空限制。

5. 服务意识超前化

文献服务意识强，图书馆发展就快。文献服务意识的强弱，对图书馆的发展起着不可低估的作用，而且服务与发展相辅相成。传统的文献服务观念落后：只求馆藏数量，不讲馆藏质量；重藏轻用，忽视信息传播。图书馆服务大多仅停留在书籍报刊服务上。经济问题、管理问题及科技实用技术等方面所占比例则较小。总的来说，是宏观的多、主动服务的少，这些传统观念严重制约着图书馆的健康发展。

在信息社会和知识经济时代，服务意识超前化是图书馆加强文献服务工作首先要解决好的问题。图书馆文献服务人员必须更新观念，彻底改变旧思想、旧观念。一是要树立竞争意识，开拓创新，不被社会淘汰。二是要改变"重藏轻用"的观念，改变旧的一套封闭式的、守株待兔式的服务模式，去适应信息社会图书馆读者服务工作的需要。三是要改变"以我为中心"的思想，任何规章制度的制定、图书的采访、分类编目体系等都应照顾到读者的利益。

6. 服务模式集成化

集成服务是信息社会中图书馆提供文献服务的发展模式。所谓集成文献服务是指对于某一特定领域或某一特定用户的文献需求，把文献资源保障体系诸要素（功能要素、信息要素、技术要素等）有机地连接成一个整体，使用户得到面向主题的文献服务。

二、图书馆信息服务体系的构成

（一）信息服务原则

信息服务原则是制定信息服务规则、构造信息服务流程的基本理念，它在整个信息服务体系中起着主导作用。

1. 个性化服务原则

最大限度地满足每个读者的个性化要求，从而与读者产生互动的个性化主动服务能真正体现用户为中心，使读者产生归属感和认同感。另外，可以把信息服务对象按不同的标准进行细分，并根据其不同的特点确定最适当的服务方式和内容。例如高校馆可按照读者身份划分为教师、学生、行政人员、外来人员等几大类服务对象，还可进一步按文化层次将学生细分专科生、本科生、研究生等，然后根据各类读者需求的差异性做出分析，进行有针对性的服务，在统一的信息服务体系中体现不同的层面。

2. 易用性原则

实践证明，易用与可用是影响用户信息查寻行为的两个重要因素。正如 Krug 先生在他畅销世界的《别让我思考》（*Don't Make Me Think*）里所说的，留住第一眼用户的法宝首先是"别让我思考"。一个优秀的信息服务体系，在设计业务流程时，应首先从方便用户使用出发，简化流程操作，强化系统功能，提供培训与帮助，消除阻滞因素，从而提高信息产品的利用率。

3. 协作服务原则

积极利用现代信息技术手段开展体系内协作、馆际协作能整合优势资源，进行大规模、全方位、多层次、高效能的服务。

4. 合法性原则

图书馆开展信息服务应当保障公民自由获取信息的基本权利，同时不可违背相关法律法规，并从可靠性、系统性和完整性方面对信息质量把关，以使信息服务工作产生积极的社会效益。

（二）信息服务相关制度

1. 组织与经费保障制度

图书馆信息服务体系作为一个整体，应有完善的配套制度。人员组织与资源是这个体系的基础，因而在馆际协作服务体系中应当有地区性协作中心制定相关的制度，以形成约束力，保证体系的正常运转。

2. 业务规范

联合协作的前提是遵循共同的规范，包含联合数据规范、通用接口协议、文献传递流程、联合咨询的轮值制度、馆际互借的经费支付办法等。

（三）信息服务系统

信息服务系统是图书馆进行信息服务的实体，包含以下四个方面的内容：

1. 资源

包含信息服务组织结构内一切馆藏文献、数据库、网络虚拟资源的总和。一次文献资源可通过购买、收集（如利用SPIDER进行的网络信息挖掘或手工搜索）等手段获取，通过地区性协作组织进行联合采购是充分利用有限经费的有效方法之一。同时，还要注意二次文献资源的建设，如编制专题文摘、索引等。

2. 组织结构

图书馆传统信息参考组织结构采用的基本是馆长—部主任—信息服务人员模式的直线制结构，工作人员以参考咨询部门为主体，机构较为简单，难以适应多样化的信息需求。以馆际互借服务为例，一个基本的业务流程，就涉及双方馆的信息咨询部（接收并处理互借请求）、技术部（开发维护馆际互借平台）、读者服务部（提供所需文献）、文献资源建设部（编制维护联合目录）等多个部门，任何一个环节出现问题，就会导致整个服务流程的阻滞。这就要求现代图书馆信息服务系统应当采取能纵横协调的多维多层的组织结构，方能使多项专门任务在一个组织之内平衡协调地完成。

3. 信息处理平台

在信息技术高度发达的今天，建立起能在分布式环境下提供集成化服务的信息处理平台则是现代图书馆信息服务体系的必要手段，体现了"法"的因素。

（1）信息整合

从信息资源的构成看，大量资源来自异构的检索平台、多样化的语种、不同的访问权限，各类型资源的内容也存在着一定的交叉重复，导致检索时既须掌握多种系统的使用方法，又需要利用不同检索工具。重复使用各种检索策略，造成人力浪费和检索效率的低下，甚至出现人为的遗漏，使信息资源难以实现交互式的完全共享。要解决这些问题，应通过开放语言描述集成订制结构或流程，以分布服务和开放描述支持对资源（如OPAC、各类型数据库、网络信息资源库、实时咨询知识库等）的动态搜寻、调用、解析和转换，通过开放链接进行数据对象的传递，从而使集成本身形成可解析、可复用、可伸缩、可扩展的知识元库，然后通过开放式协议对分布式信息资源进行有效整合。

（2）信息分析评审

对于知识元库中的数据，经过动化技术聚类、摘要、提取后，还可由计算机系统自动分析或分发至咨询专家进行分析、评审，以确认其价值并提供给相应的用户。

4. 服务平台

网络信息服务大量的需求来自不同的读者类型、要求提供不同种类的资源、信息传递与推送也必须经过不同的途径，故而在实行服务时，需要从易用性原则出发，将模块化的服务平台（如终端用户检索软件模块、在线咨询交流软件、个性化服务订制与推送软件模块、快速物流传递系统等）集成在统一的用户界面下，使读者享受到快捷高效、交互型的一站式服务。以中国人民大学图书馆为例，其"数字图书馆个性化信息服务系统"集数字资源检索、个性化推荐、在线交互咨询服务于一体，读者可整合检索包含馆藏书目、馆内光盘数据库资源，以及各种许可范围内的网络数据库资源；可直接进行续借、预约，在线阅读全文电子书，下载部分论文全文；自动根据用户填写的研究方向为用户推荐相应的图书论文资源，同时据用户对资源的一些反馈信息来进行协同推荐；还可进行在线交互式咨询。

第三节　图书馆的管理服务体系

在我国，对于图书馆管理含义的认识，是随着国外管理学理论和方法的译介，以及图书馆管理实践的发展深化而逐渐完善起来的。

一、图书馆管理

图书馆管理是研究图书馆活动及其规律的科学。它是管理科学应用于图书馆而形成的，是现代图书馆学的一个重要的分支学科。主要研究各个图书馆的管理活动及对众多图书馆乃至整个图书馆事业的管理。

（一）图书馆管理的含义

关于图书馆管理更为明确的含义至今还没有一个确切的表述，国内外学者看法也不尽相同。国内许多学者给图书馆管理下的定义至今尚未取得学术界统一表性的定义。较为有代表性的有以下四种：①图书馆管理是指应用现代管理学的原理和方法，合理组织图书馆活动，有效地利用图书馆的人力资源和物质资源，发挥其最佳效率，达到其预定目标，并在此过程中不断地审查改进，最终圆满完成任务的过程；②图书馆管理就是通过计划、组织、指挥、协调和控制等行动，最合理地使用图书馆系统的人力、财力、物质资源，使之发挥最大作用，以达到图书馆预期的目标，完成图书馆任务的过程；③图书馆管理是对图书馆的文献信息、人力、财金、物质资源，通过计划、决策、组织、领导、控制和协调等一系列过程来有效地实现图书馆的目标的活动；④图书馆管理是指以图书馆发展的客观规律为依据，遵循管理工作的内容与程序，建立优化的管理系统，合理配置和利用图书馆资源，实现其社会职能的控制过程。

图书馆管理是把图书馆的文献信息资源、用户、馆员、技术方法、设施等分散要素联系起来构成一个有机的整体。没有管理，就不能开展图书馆的活动，更谈不上图书馆工作质量与效率，达不到图书馆预期目标，完不成图书馆任务。这种管理活动既包括信息资源的管理，也包括图书馆人力资源、物质资源、财金资源的管理。图书馆管理者必须平衡四者之间的关系，不能厚此薄彼。

图书馆管理既不是指图书的管理，也不是指图书馆的具体业务工作。与图书馆管理相关的图书馆管理学，则是研究图书馆管理的基本理论、管理过程、管理方法、各种具体管理和图书馆管理趋势的科学。它是图书馆学的一个分支学科，是管理学在图书馆管理实践中的应用。图书馆管理是遵循图书馆工作的客观规律，通过计划、组织、协调、指挥等手段，合理配置和使用图书馆资源，以达到预期目标，满足用户知识信息需求的一种活动。

我们认为，图书馆管理是对图书馆的资源，通过一定的科学手段而实施的行为过程的目标活动。它包括微观管理和宏观管理两个部分，微观管理是对于个体图书馆的管理，宏观管理则是对社会图书馆事业体系的管理。在当今信息时代，应抓住时代特色，全面运用现代管理理论，用以指导现代图书馆的全部活动，提升现代图书馆管理水平的整个过程。

（二）图书馆管理的特征

作为一种特殊的社会实践活动，图书馆管理具有一般社会实践所共有的客观性、能动性和社会历史性等特性，不过这些特性在图书馆管理中有其具体的表现形式。整个实践的特性对于不同的实践活动来说是一种共性的东西，而具有这种共性的各种实践活动又表现出不同的特性，因此图书馆管理具有以下六个主要特征。

1. 总合性

所谓图书馆管理的总合性，从空间上来说，就是它贯穿在一切图书馆活动中，存在于图书馆活动的一切方面和一切领域，凡是有图书馆活动的地方，就有图书馆管理存在。从时间上来说，它与图书馆共始终。在中国商代，不仅有藏书之所、掌书之人，而且有管书之法。商代设史官掌管藏书，虽然这一时期尚未形成书籍分类和编目体例，但对藏书的管理已存在一定之法。商代史官在甲骨片编连成册之后，为便于查找，在贮藏中采用标签形式将其标示。另据英国考古学家伍利1930—1931年在幼发拉底河口附近的乌尔发掘出的400多块泥版文书和1000多片残片中，发现上面的经济资料是按主题和年代排列的，泥版还挂有内容简介的标志牌。经专家鉴定，这些泥版文书是一所寺庙图书馆收藏的，大约存在于公元前3000年。这是国外存在最早的藏书管理，代表着国外原始的图书馆管理思想。随着信息技术的发展，图书馆的形态可能会发生一些变化，传统的纸质图书馆可能会逐渐萎缩，虚拟图书馆、电子图书馆、数字图书馆或网络图书馆将登上历史的舞台。但我们认为，只要还存在图书馆活动，不管其形式如何，仍然离不开管理。因此，在图书馆发展的长河中，管理是无处不在、无时不有的一种社会活动，它在图书馆系统中横贯各个层次，涵盖一切领域，具有总合性。

2. 依附性

任何图书馆管理都必须依附于一定的图书馆业务工作，它的全部实际内容和具体形式不能离开其他业务活动而单独存在，因此图书馆管理总是对某种业务活动（文献采选、分类编目、书刊借阅、参考咨询、文献检索、情报研究等）的管理。图书馆管理的这种依附性主要表现在：图书馆管理的目标必须依托于具体的业务活动才能实现，图书馆管理的过程总是伴随其他业务活动的进行而展开，图书馆管理的结果则总是融合在其他业务活动的成果之中。也就是说，图书馆管理必须以其他某一种、某几种或全部业务活动作为自己的"载体"。

3. 协调性

所谓协调性是指调节和改造各种管理对象之间的关系，使他们能相互适应，并按照事物自身固有的规律性在整体上处于最佳的功能状态。图书馆管理与其他业务活动不同。

首先，从活动的对象来看，一般业务活动总以某个特定的具体事物作为自己的对象，如文献采选以图书馆未收藏的新书、新刊、新报、新光盘等文献载体为对象，分编工作以图书馆已采购回来的新文献为对象，咨询服务以读者为对象等。但是，图书馆管理在一定意义上却是以图书馆系统的各种业务活动为自己的对象，是对这些业务活动之间的关系及这些业务活动内部的各种要素之间的关系进行协调的活动。因而与各种业务活动相适应，就有协调这些活动的采选管理、分编管理、借阅管理、咨询管理等形式，这些管理活动通过协调各种业务活动而间接地对它们起作用，从而改变它们的存在状态。

其次，从活动的任务来看，一般的业务活动都有自己特定的具体任务，它们或者是为了购回本馆读者所需要的文献，或者是为不改变文献的形式特征，或者是为了将读者所需要的文献传递给读者，或者是对读者进行信息检索技能培训，或者是为读者提供咨询课题的解答方案等。然而图书馆管理的任务却是"协调个人的活动，并执行生产总体的运动——不同于这一总体的独立器官的运动——所产生的各种一般职能"。也就是说，图书馆管理的主要任务是协调人们之间的关系和利益，协调人们活动的状态和过程，使图书馆各种业务活动的要素建立某种有序的优化结构。所以，图书馆管理是一种柔性的社会活动，图书馆管理者一般并不直接从事情报产品的生产或信息服务活动，而主要是通过协调各种业务活动的内外关系，特别是馆员之间的关系及馆员和读者之间的关系，使各种要素、各种环节在共同目标最有效地满足读者的信息需求的指引下，消除彼此在方法上、时间上、力量上或利益上存在的分歧和冲突，统一步调，使图书馆的各种业务活动实现和谐运转，成为一个有机的整体。

4. 组织性

图书馆管理的组织性，一方面指的是图书馆管理活动总是通过一定的组织（如学校图书馆、科学图书馆、企业图书馆、公共图书馆、工会图书馆等）进行的，这种组织是由进行管理活动的人所组成的一个有序结构。组织既是管理的主体，任何图书馆管理都是由一定的组织机构（即特定的图书馆）去进行的；同时，组织又是管理的对象，因为任何图书馆管理都是对一定组织（即特定的图书馆）的管理，孤立的个人，离开了一定组织的人，是无所谓图书馆管理的。另一方面，它指的是图书馆管理活动本身就是一种组织活动，这种组织活动把分散的资源如人力、物力、财力、信息等资源组合起来，形成一个稳定的、能够不断根据客观环境的变化而进行物质和社会双重结构调整的过程。这种组织过程既把各种离散的、无序的事物结合成一个相互联系、相互制约的管理组织系统，这是图书馆管理活动得以进行的物质和社会实体；同时，又能不断地根据变化着的外部和内部情况，对管理活动的各种要素之间的关系进行调整，以寻求相适应的物质与社会匹配关系，使图书馆系统朝着管理的目标运动。前者指的是静态的组织性，表现为一种有序的组织形式；后者指的是动态的组织性，表现为一种能动的组织职能。图书馆管理的组织性是图书馆管理最基本的特征，也是其他特征存在的内在根据。

5. 变革性

管理在本质上是变革活动，是使人获得真正自由的活动。管理的特点就是变革——迅速的、不断的、根本的变革。图书馆管理也不例外。从现象上看，图书馆管理有保守的一面，它要维持图书馆系统一定程度的稳定，要用一定的原则、规章制度约束图书馆的成员。但是，保守性、束缚性只是图书馆获得发展的手段，因而是暂时的、相对的。稳定是运动的一种特殊状态，因此，图书馆系统中的人、财、物、信息等要素是不断变化发展的，图书馆系统外部的经济、政治、文化、科技等环境也在不断变化。要实现对图书馆的真正有效管理，目标和计划就要反映对象的变化，协调活动就是要使系统内外因素的配合在变动中定向合理，要不断通过信息反馈实现对图书馆的动态控制，要根据图书馆的发展制定合理性的规章制度。可见，图书馆管理的变革性是由图书馆本身的运动决定的，具有客观性。图书馆管理的变革性更重要地表现为其发展演化。图书馆管理是一种主观见之于客观的活动，它要反映图书馆的变化，不仅要反映图书馆现时的变化，而且要反映图书馆变化的趋势，还要反映趋势的转变，这一切只有通过科学预测、设立目标、制订计划、完善组织、实施控制等一系列动态管理活动反复循环才能实现。

6. 科学性

图书馆管理的动态性并不意味着图书馆管理没有规律可循。尽管图书馆管理是动态的，但还是可将其分成两大类：一是程序性活动；二是非程序性活动。所谓程序性活动，就是指有章可循，照章运作便可取得预想效果的管理活动，如制定读者服务工作中的各种规章制度，制定人员管理工作中录用、奖惩、培训等方面的条例，制定行政管理的各种规章制度，制定后勤管理的各种规章制度，等等。所谓非程序性活动，就是指无章可循，需要边运作边探讨的管理活动，如建造新馆、建设图书馆自动化系统、图书馆组织机构的调整、复合图书馆的设计等。这两类活动虽然不同，但又是可以转化的。实际上，现实的程序性活动就是以前的非程序性活动转化而来的，这种转化的过程是人们对这类活动与管理对象规律性的科学总结，图书馆管理的科学性在这里得到了很好的体现。此外，对新管理对象所采取的非程序性活动只能依据过去的科学结论进行，否则，对这些对象的管理便失去了可靠性，而这本身也体现了图书馆管理的科学性。

由于图书馆管理对象会分别处于不同系统（如科学院系统、文化系统、教育系统、工商企业系统等）、不同部门（如采访部、编目部、流通阅览部、典藏部、参考咨询部、研究辅导部、信息技术部、特藏部等）、不同环节（如出纳台借还、书库整理）、不同的资源供给条件等环境中，这就导致了对每一具体管理对象的管理没有一个唯一的完全有章可循的模式，特别是对那些非程序性的、全新的管理对象更是如此，因此，图书馆具体管理活动的成效与管理主体管理技巧的纯熟程度密切相关。事实上，管理主体对管理技巧的运用与发挥都体现了管理主体设计和操作管理活动的艺术性。另外，由于在实现图书馆资源有效配置的目标的过程中，可供选择的管理方式、手段多种多样，因而如何在众多可供选择的管理方式中选择一种合适的用于现实的图书馆管理，也是管理主体进行管理的一种艺术技能的体现。

二、图书馆管理的对象

图书馆管理的对象有三大部分：人力资源管理、物力资源管理和财力资源管理。人力资源管理包括图书馆员工管理和读者管理；物力资源管理包括图书馆的文献信息管理、图书馆的建筑和设备管理及技术方法管理；财力资源管理指图书馆的各项经费开支及各种经营性收入管理。

（一）图书馆人才资源管理

1. 员工管理

图书馆员工是图书馆连接文献信息与读者的纽带和桥梁，是图书馆活动的管理者和组织者。图书馆工作效益的高低和社会影响的好坏，取决于图书馆的员工，所以图书馆员工是管理的主体要素。图书馆的员工分为图书馆专业人员、图书馆技术人员和图书馆行政人员三大部分。管理者应通过定岗、定员、考核、选举、激励等多种形式，激发员工的积极性和创造性，调动他们的潜力，使员工的聪明才智得到充分发挥，努力做到人尽其才、各得其所、各获其荣。

2. 读者管理

读者又称为"用户"，是图书馆的服务对象。图书馆因读者而生存，读者的存在和需要是图书馆生存和发展的动力。由于图书馆读者群的复杂性、多变性和信息需求的多样性，读者管理成为图书馆管理中最活跃的要素。管理者必须树立"读者至上"的思想，一切管理工作都以用户文献信息需求为出发点和归宿，最大限度地满足读者日益增长的知识信息需求。

（二）图书馆物力资源管理

1. 文献信息资源

图书馆的文献信息资源统称"图书"，是图书馆的"立身之本"，也是图书馆存在的先决条件，是图书馆系统中最基本的要素。它是根据图书馆的性质、任务和方针，以及特定读者群的文献信息需求，经过日积月累而形成的文献信息体系。图书馆的文献信息资源随着科学技术的发展，载体越来越丰富多样，有印刷型资源、缩微型资源、声像资源、电子型资源和网络资源等。对这些资源进行管理既要确保文献信息资源的系统完整，又要便于读者对文献信息的充分利用；既要着眼于馆藏的特色建设，又要做好资源的共建共享。

2. 建筑设备

建筑设备又称"设备"，是图书馆生存的物质条件。传统的图书馆设备包括：建筑、书架、目录柜、阅览桌椅等。现代图书馆设备，除了传统图书馆设施以外，还包括许多现代化技术设备，如视听设备、复印设备、缩微阅读设备、传真设备、文字处理设备、图书馆计算机自动化系统、图书馆消防安全系统、中央空调系统、局域网及互联网接口等。这些设备可统分为两大部分：一部分是围绕着业务工作而产生的现代化技术设备系统；另一部分是为业务主体服务的行政后勤服务技术设备系统。

3. 技术设备

图书馆的技术设备，以自动化系统为核心，由计算机软件系统、硬件系统和数据库三大部分组成。随着科学技术的发展、数字化图书馆的出现，信息设施、信息资源、信息人员的智力将融为一体，图书馆的自动化系统会越来越趋于完善。图书馆的建筑设备将会随着这些技术方法的应用而发生很大的变化。为此，图书馆的管理者应用战略的眼光去规划和建设图书馆文献信息服务技术设施体系，为信息资源体系的形成、维护、发展，以及开发利用提供条件。

（三）图书馆财力资源管理

图书馆的财力资源主要来源于政府对图书馆的拨款，以及社会各界对图书馆的资金投入。图书馆的经费开支主要用于购置各种载体的文献信息资料、业务活动开支、行政管理费用、员工工资、设备维护费等。经费预算是图书馆经费管理的一项基础工作，在预算的执行过程中，应该有严格的经费结算制度。管理者应通过核算执行情况，为经费管理提供相关信息。在经费管理过程中，应加强财务制度，严格执行有关的财务制度和规范，通过严格的财务制度管理图书馆的经费，以最低的成本产出最大的效益。

三、图书馆管理基本要求与内容

（一）图书馆管理基本要求

现代图书馆管理的基本要求是管理规格化，劳动组织合理化，工作人员专业化，业务工作计量化。具体地说，管理规格化是指有完善的规章条例和业务标准，所以，图书馆管理的规章条例化和业务技术标准化是规格化的两大内容。劳动组织合理化是指以最经济的人力取得最佳的工作效果，是图书馆合理的劳动组织所要达到的主要目标，为了实现这个目标，必须做到以下几点：①根据本馆的性质和具体任务，以节约人力、方便管理、减少层次、提高效率为原则，合理建立业务机构；②根据本馆收藏的文献资料的类型和用户需要的特点，科学地划分工序和工作范围；③建立岗位责任制，明确规定职责范围，让每一个部门和每一个工作人员都承担起应负的责任，做到各负其责，各尽其力。工作人员专业化是指培养一支合格的专业化队伍，是实现图书馆管理目标的必要措施。图书馆工作人员的专业化包括两个方面：一是必须具备图书馆学、信息学的基本知识和图书馆工作的基本技能；另一个是向文献信息工作专门化的方向发展。业务工作计量化是指建立一套系统的图书馆管理统计制度。统计数据能够反映图书馆的基本情况，是改进工作、提高服务质量的重要依据，对图书馆实行科学有效的管理可以起到"耳目"和"参谋"的作用。

（二）图书馆管理内容

现代图书馆管理是通过决策、计划、组织、控制、协调实现的。各环节之间不是相互割裂的，而是相互联系、相互制约，共同作用于管理运动的全过程，形成了图书馆管理的特定内容。

1. 决策

任何图书馆系统及其所属的子系统的管理过程，都离不开正确的决策。图书馆系统的决策主要包括：图书馆发展方针、政策、战略方面的决策；各项业务工作的决策，如采集文献品种与复本数量的决策，分类法的选择，馆藏划分最优方案的选择，排架方式的选择，开架与闭架方式的选择，等等。人事方面的决策，包括人员智力结构的确定，人员更新与培训的方式，奖惩制度的制定，等等。财务、设备方面的决策，包括经费及其合理分配，设备、用品的选择，等等。

2. 计划

这是管理过程中一个十分重要的因素。计划是一种预测未来、确定目标、决定政策、选择方案的连续过程，是图书馆各项活动的指针，图书馆系统的各方面决策都是要通过计划去实现的。图书馆计划包括两个基本方面：一是国家图书馆事业发展计划；二是个体图书馆的发展计划。

计划是由定额、指标、平衡三部分组成的。各项定额是发展计划的基础，计划的内容和任务则体现在指标上，计划就是综合平衡，平衡表是基本手段和工具。国家图书馆事业发展计划是各分项计划的集合，一个馆的总体计划是本馆内各个部门计划的集合。在制订各项计划时，应明确该项计划的主要任务及其在总体规划中的地位和作用，认真选取衡量该计划发展水平的主要指标，规定发展的规模和发展速度，突出发展重点，规定适当比例，注意各计划之间的协调。

3. 组织

组织指对各项活动所需的资源加以组合，建立组织的活动与职权间的关系的过程。组织是发挥管理职能、实现管理目标、完成计划的保证。组织工作是一个分工的行为，同时又是一个组织各方进行协作的行为。组织工作还包括人事工作，即为组织的工作过程中设置的工作岗位配备合适的职工人选。因此，在图书馆管理系统中必须有健全的组织机构，明确各个工作岗位的职责，确立各级人员之间的相互关系，做到职责分明，权责结合。

4. 领导

领导工作是影响人们为实现组织的目标而努力，包括激励、领导的方式方法、沟通等问题。图书馆要建立合理的领导层的群体结构，注意选拔主导型人才，重视领导者群体的智力结构，加强领导者之间的团结协作。图书馆的领导应当注意在正确运用合法权力、奖励权力之外，学习和掌握图书馆专业知识与管理知识，不断完善自身各方面的素质，增强自己的专家权威和个人影响力。

5. 控制

这是按既定的工作计划、标准去衡量各项工作成果，并纠正偏差，使工作按计划的方向进行。所以，控制不仅是对现有工作成果的评定，更重要的是认识和判断工作发展的趋势并为改进工作提供信息反馈。可以说，没有良好的信息反馈，图书馆就无法对自己的各项工作进行有效的控制。这是因为控制的功能是通过输入、中间转换、输出、反馈四个环节实现的。

6. 协调

协调是管理过程中不可缺少的环节，它可以使图书馆事业的建设或一个图书馆的各项工作趋向和谐，避免矛盾和脱节现象。图书馆的协调，从微观角度看，指的是图书馆内部纵向和横向的协调。纵向协调，就是要保持图书馆各层次子系统的上下平衡；横向协调，就是要保持图书馆系统各层次彼此之间的协作，以避免各个工作环节和各个部门之间发生脱节或失调现象。图书馆的协调，从宏观角度看，是指与图书馆外部的协调。这种馆际之间的协调，分为纵向层次的协调和横向层次的协调。纵向层次的协调指的是本系统图书馆从上至下的协调；横向层次协调指的是本图书馆系统方针、任务与其他图书馆系统的协调。

四、图书馆管理的基本原则与意义

（一）图书馆管理的基本原则

1. 集中管理

集中管理是我国图书馆事业管理的重要原则。集中管理包括两个方面的内容：一是指图书馆事业建设要有集中统一的管理，以便协调全国各系统、各地区图书馆的工作，有目的地规划全国图书馆事业的发展，组织全国性的图书馆事业网；二是指图书馆业务技术工作的集中管理，即实行图书馆业务技术工作的标准化，其中包括统一分类、统一编目、统一数据存储格式和信息交换标准等。

2. 民主管理

民主管理是我国图书馆管理的又一重要原则。所谓民主管理，就是吸收图书馆工作人员和用户代表参加图书馆的管理工作，图书馆可以建立有馆员和用户代表参加的民主管理组织。建立这个组织的目的是提高图书馆的管理水平，它在图书馆管理中起着参谋作用，其任务是：①对图书馆工作提出合理化建议和改进意见；②督促图书馆工作计划的执行；③对专业人员的安排和使用提出建议；④对领导干部的工作进行监督等。

3. 计划管理

这也是我国图书馆管理的重要原则。图书馆的计划管理就是要发挥工作计划在管理过程中的作用。工作计划是根据客观实际情况和工作任务的要求，预先确定开展工作的目标、措施和步骤及方法等。工作计划可以分全馆计划、部门计划或某一项工作的专门计划。制订工作计划必须从实际出发，留有余地。在执行计划的过程中要随着客观情况的变化对计划做适当的修改。如果工作无计划，就不能有效地组织业务活动。因此，正确地制订和执行各种工作计划是图书馆管理中不可缺少的环节。

4. 注重经济效果

注重经济效果就是要研究如何合理地使用人力和经费，充分地发挥图书馆各种设备的能力，建立优化的文献信息资料的收藏系统和服务系统，以及与之相适应的各种科学的规章制度和条件。要力求用最少的经费补充用户最需要、最有使用价值的文献资料，用最经济的劳动加工整理各种文献信息，用最快的速度为用户提供各种资料，并使图书馆的各种设备最大限度地发挥作用，从而保证图书馆各种活动的最大效能。这些应该是图书馆管理所追求的目标。人力、物力、财力和时间的浪费及无效劳动，都是与图书馆管理的原则不相容的。注重经济效果，应当成为图书馆管理的一项基本原则。

（二）图书馆管理的意义

1. 图书馆管理是图书馆事业全国规模布局的需要

图书馆工作是在科学发展和社会进步的推动下不断向前发展的，它自身同样经历着又分化又综合的过程。在科学文化信息交流中分化出图书馆系统，图书馆系统又分化成各种子系统和二级子系统；这些子系统和二级子系统相互依赖，互相制约，不可分割，共存于图书馆系统的统一体中，共同完成向社会提供文献信息的任务。

随着人类社会的进步和科学文化的发展，图书馆的数量不断增多，类型不断增加，同用户的联系面更加广泛。这说明图书馆已不是孤立的单个的存在，而是一个社会的有机整体。因此，需要通过管理密切图书馆与图书馆之间、图书馆与用户之间的联系。

图书馆事业是由各种不同类型的图书馆组成。要使具有全国规模的图书馆事业布局合理，使之协调而又有计划地发展，必须对全国图书馆事业实行科学有效的管理，以便把丰富的文献资源当作全社会的共同财富，有效地加以开发和利用。

2. 图书馆管理是有效利用信息资源的需要

信息广泛存在于自然界和人类社会，包括自然信息、社会信息、生命信息和机器信息。对人类来讲，每时每刻都在传递和接受着大量的信息，其核心是知识。信息是动态的概念，它只有在流通中才能发挥作用。只有运用科学的方法加以管理，信息的价值才能得到有效的体现。

当前社会中，文献是主要的信息来源，是信息存在的一种物质形态。在文献量激增的当代社会里，要求图书馆对数量庞大、内容复杂的文献资料进行准确的挑选和科学的整理加工，以便及时将信息传递到用户手中，没有对文献信息资源科学有效的管理是根本不可能做到的。所以科学有效的管理是有效利用信息资源的前提。

3. 科学有效的管理是实现图书馆工作现代化的需要

图书馆组织管理的有效性和科学性，既是图书馆工作现代化的需要，也是实现图书馆工作现代化的基础。没有图书馆组织管理的科学化，就无法实现图书馆工作的现代化。例如要建立起拥有先进的技术和设备，能够迅速准确地将文献信息资料传递到用户手中的信息网络，就必须加强对图书馆工作和图书馆事业科学有效的管理。没有科学有效的管理，不提高图书馆管理的水平，即使有了先进技术和设备，也不能充分发挥作用。现代化信息网络的建设及其作用的发挥，不仅取决于现代化的技术和设备，而且取决于图书馆管理的水平。

第三章　智慧图书馆及其服务技术

第一节　智慧图书馆的概念、功能与特征

一、智慧图书馆的概念

作为图书馆发展的新形态，智慧图书馆不同于其他形态的图书馆，它具备崭新的服务理念，并兼具创新发展、可持续发展等特点。它是在移动通信技术、物联网、云计算、数据挖掘等技术广泛应用的环境下，数字图书馆的新形态、复合图书馆的升级；它是仅仅局限于物理基础设施的建设，而是以全媒体资源为核心，以提供智慧化用户服务为目标，利用新一代网络技术、信息技术，兼顾智慧馆员队伍建设，最终实现海量资源共知共享的一种图书馆形态。

二、智慧图书馆的功能特点

通过对相关文献的认真研读，结合智慧图书馆的概念及产生背景，以及我国图书馆发展和建设的现状，智慧图书馆实现的主要功能有：全方位的资源管理，智能定位及安全防护，智慧化的个性服务。核心特点可以总结为四点：全面立体的感知，广泛的互联互通，高效能的协同管理，人性化的服务。图书馆未来建设只有具备这些特点，才能更好地顺应时代的发展，满足未来的需求。

（一）全面立体的感知

智慧图书馆通过对互联网的数字编码感知，主动感知对象，并对其进行知识描述，把某一领域信息的单种文献与读者、馆员等信息个体互联，拒绝信息的碎片化。还能把实际工作虚拟化，如通过情景感知，推送用户感兴趣的资料；通过

传感设备，三维立体显示地图指引、自助借还等，以期实现全社会的感知。

（二）广泛的互联互通

在智慧图书馆环境下，因为多种网络渠道、通信工具的使用，信息是泛在的、立体互联的。可以是图书馆与人的互联，如座位信息管理系统；也可以是人与人的互联、书与书的互联。智慧图书馆的对象利用物联网，在感知层中自动组网，汇聚和转换各种数据，识别不同领域。跨部门和跨行业，甚至跨区域、跨国界，最终实现泛在的深度互联。泛在图书馆环境下，面对泛在的网络环境，以移动性支持为核心，时时处处存在的泛在服务和互联互通便应运而生。

（三）高效能的协同管理

图书馆的管理对象主要是馆内文献资源和用户，因此，智慧化的管理可表现为：一是借阅和打印、扫描馆藏资源，以及图书逾期款的支付、座位预约等，还包括对图书馆建筑中的灯光、温度、湿度、电梯、门和安保摄像头等的日常维护和管理；二是对用户的管理，包括用户个人借阅信息的智能化分析、用户行为的跟踪等，目的是为其提供深层次的个性化服务。智慧图书馆广泛、立体的感知和互联，不仅使馆内实现物物相连、物人相连，更主要的是，为图书馆深层次的智慧管理和服务提供了帮助。而且，高效的智慧管理是智慧图书馆的主要特征之一。例如日本某图书馆通过馆内安装的温控传感器，可以实现馆内温度的智能化控制，不仅为用户提供了舒适的阅读环境，更可节约将近28.9%的电量。

（四）人性化的服务

相对于数字图书馆，智慧图书馆融入了更多技术，但仍要坚持"以人为本"的理念，其功能特点的实现仍以提供人性化的服务为目标。不同于以往的图书馆，智慧图书馆能够主动感知用户需求，为其提供个性化的智慧服务；同时，智能化的馆舍，从温度、亮度、湿度等方面，通过严格而精准的调控，为读者创造一个舒适的环境。更有一些馆内自助设备、通借通还及3D导航等服务模式，将图书馆人性化的服务理念体现得淋漓尽致。人性化服务，不仅是智慧图书馆的一大特点，更是图书馆未来发展建设的终极目标。

三、智慧图书馆的特征研究

（一）智慧图书馆的外在特征

1. 数字化是智慧图书馆的技术前提

未来公共图书馆纸质资源会越来越少，数字资源将逐渐成为主要的知识资源载体，以数字资源为基础的虚拟图书馆将逐渐从专家的预测和局部的现象发展成为整体的图书馆服务与管理的主要表现形态。目前，数字图书馆推广工程虚拟网的建设快速发展，覆盖全国的数字图书馆网络已全面联通。以国家图书馆为核心，以省级数字图书馆为主要节点，覆盖全国公共图书馆的数字图书馆虚拟网已经基本建成。数字图书馆的发展将不断夯实书书相连的智慧图书馆的发展基础。

2. 网络化是智慧图书馆的信息基础

网络已成为未来公共图书馆服务的重要载体和空间，被称为第四代媒体的互联网媒体正在与物理空间和社会空间一起成为公共图书馆服务的三大空间。网络化的发展趋势使公共图书馆的远程服务量不断增加。公共图书馆通过互联网、手机等信息手段和载体，可以开展不受时空限制的网上书目检索、参考咨询、文献提供和各类信息的获取及视听欣赏。

如今，全球手机用户已占世界人口的3/4。在信息化的技术环境下，网络化与数字化的融合，以及电信网、广电网和互联网的三网融合，使公共图书馆的服务发生了泛在化的变化，即任何读者在任何时间、任何地点通过任意信息传播载体都可以获取其所需要的信息。由于公共图书馆的计算机数量不断增加，更多的读者通过网络查阅数字文献及通过手机接收图书馆的各类移动服务，图书馆的宽带速度不断加快，图书馆的网上信息日益丰富，图书馆网络化进程的发展前景不可估量，网上服务量将成倍增长，网络空间的地位将更加重要。这些正是智慧图书馆发展的前提。

3. 集群化是智慧图书馆的管理特征

图书馆的集群化综合服务平台可以实现知识与信息的共建性整合、集约式显示、便捷性获取、无障碍转换、跨时空传递等，从而使公共图书馆向智慧型图书馆转型。图书馆的集群化发展趋势将表现为以下三大特征：

（1）整合

通过整合，可以集地区图书馆文献信息，汇全国各类图书馆知识库群，聚全球自然人文智慧。公共图书馆及各类图书馆系统都有着数量众多的特色文献和数字资源，但相当数量的信息处于沉睡状态，既不互通互联，也不共建共享，获取很不便捷。这就需要打破行业条块"老死不相往来"的格局，将各自馆藏和馆建的信息资源加以联通，打通行业条块和馆际的信息壁垒，畅通地区与国家间的信息信道。通过整合使知识资源的视角从点拓展到条线、块面和区域，也使服务和管理从孤立的点转移聚焦于条线的交流、块面的联系和区域的互动，这些正是新形势下促进图书馆服务创新所必须具备的信息服务环境。

（2）集群

集群的概念是由美国哈佛大学的迈克尔·波特教授于20世纪90年代初首次提出的，图书馆的服务与管理集群是图书馆服务和管理转型发展的有效工具。通过服务与管理集群，图书馆的规模效应凸显，协同联盟共享拓展，知识内容更为丰富，传递成本大大降低，服务品质显著提升，从而使广大的读者受益。强大的集群将推进创新并优化服务。

（3）协同

协同服务将为公共图书馆的未来发展注入活力。协同服务体系在国内外图书馆界已成为一种共识，并成为图书馆日益明显的发展趋势。这种协同服务体系有行业协同、地区协同、国家协同、全球协同等各种形态。例如中国"国家科技文献信息资源与服务平台"在全国科技信息文献系统、国家图书馆系统、中国科学院文献情报系统、高等院校图书与信息系统、国家专利文献系统等之间进行了协同信息服务，成为国家科技基础条件五大平台之一。这种将分散趋向集约、将异构趋向统一、将自治趋向分布的信息协同服务机制，需要在顶层设计层面予以整体规划和推进，从而克服布局分散和重复建设的弊端。这正是智慧图书馆的管理使命所在。

（二）智慧图书馆的内在特点

智慧图书馆是实现图书馆科学发展的全面方案，互联、高效和便利正是实现这一方案的三大路径和目标定位。

互联：是指通过全面感知、立体互联和深度协同，将智能技术渗透融入图书馆服务与管理的各个领域、各项业务、各个流程和各个细节，实现图书馆科学发展的创新转型。

高效：是指通过节能低碳、灵敏便捷和整合集群，将智慧管理融入图书馆的一线服务与二线保障，将资源节约、环境友好的可持续发展理念导入图书馆的前台与后台、硬件与软件，在书书相连、书人相连和人人相连的基础上为读者节约时间，更加方便快捷地处理各类事物，提升整合集群后的规模效应和效能，实现图书馆发展中各项资源的效益最大化、效率最高化、效能最优化。

便利：是指在全面立体感知基础上形成的无线泛在环境下，任何读者可在任何地点通过任意方式获取所需要的知识信息并进行相应的信息互联，使图书馆服务成为随身、随处、随时、随意的服务；而互联集成的技术使原本单独、复杂、异地的服务整合成就近一体化的服务，并形成虚实、内外和个性的互动。这正是智慧图书馆人本理念的体现。

智慧图书馆的互联、高效、便利三大特点之间是互相联系的。互联是智慧图书馆的基础，是高效和便利特点所依托的技术支撑，也是智慧图书馆区别于数字图书馆和复合型图书馆的主要方面。高效是智慧图书馆的核心，是互联基础上服务与管理的进一步应用，也是智慧图书馆绿色发展和数字惠民本质追求的重要体现。便利是智慧图书馆的宗旨，是互联、高效特点的落脚点，也是智慧图书馆科学发展人本理念的精髓所在。需要提出的是，智慧图书馆的三大特点及所折射出的许多理念，有的以往已经出现过，但在新的发展环境下，通过智慧图书馆这些理念进行了整合与提升，在智能技术的支持下被赋予了新的内容和生命。如果说智慧城市可以带来更高的生活质量、更具竞争力的商务环境和更大的投资吸引力，那么智慧图书馆则可以带来更高的服务质量、更具吸引力的学习休闲环境和更高品质的管理，并通过智慧图书馆培养更多的智慧公众。

智慧图书馆的发展新模式将提高图书馆广大读者和馆员学习与工作的自由度，将提高时间和资源的利用效率，也将推动图书馆在日新月异的信息技术发展环境下创新驱动和转型发展。

1. 智慧图书馆是互联的图书馆

作为智慧图书馆的基础，数字化、网络化和智能化技术是智慧图书馆的外在特征。该技术的具体表现就是对图书馆人和物的全面感知；在感知基础上跨时空的立体互联；在信息共享基础上的深度协同。

（1）全面感知的图书馆

全面感知不是部分或局部的感知，而是信息感知的全覆盖，把单本（种）文献的信息孤岛和读者、馆员的个体信息连成一片，将碎片化的信息串联成互联化的信息，从而实现读者与馆员、前台与后台之间的智能连接。全面感知是建立在数字化、网络化和智能化的技术基础之上的。美国芝加哥大学的曼索托图书馆每年新增书籍约15万册，该馆运用智能技术建立了机器人堆叠书库管理系统，对所收藏的350万册书籍进行了全面感知。这种新型堆叠管理技术跳出了传统图书馆普遍采用的杜威十进制图书分类法，而是以书籍的书名和尺寸进行分类。尽管这种按书籍尺寸排列的方法在全球个别图书馆中曾经被使用过，但运用智能机器人来操作还颇具新颖性。使用这种智慧的方法管理书籍后，书库的占地面积仅为常规书库的1/7。图书馆不仅需要感知馆内的文献信息，还需要将感知的触角伸向社会的方方面面。美国华盛顿州西雅图市图书馆在多媒体文献全面感知的基础上实现了读者服务的实时数据显示管理，图书、DVD、CD等各类文献的读者实时服务数据通过大屏幕分类显示，一目了然。挪威国家图书馆的个别图书馆也是在信息全面互联感知基础上提供了图书馆内外人的互动及文献借阅和音乐欣赏等多样化服务。这些都是全面感知的案例。

（2）立体互联的图书馆

立体互联是图书馆跨部门、跨行业、跨城区乃至跨国界的全面立体互联；是图书馆物理空间的楼楼相连、层层相连、区区相连、室室相连、桌桌相连、机机相连、屏屏相连、藏阅相连的互联；是图书馆文献的书书相连、网网相连、库库相连，是图书馆服务主体馆员间的互联；是图书馆服务客体读者间的互联，也是主体馆员与客体读者间的人人互联；是人机交互的互联，也是互联网、广电网和电信网的三网融合的互联。以图书馆的信息立体互联安全保障系统为例，该系统需要在图书馆内外进行全天候实时信息监控，防火、防水、防盗、防突发安全事故；对图书馆在不同空间的建筑进行统一的安全监控；对进入图书馆的人员所携带的物品进行安全识别；对借阅和复制文献等进行检验；对图书馆内外区域进行身份感应，设置不同的感应门禁，授予不同人员以不同的权限；对进入善本书库、机房等重地的人员进行出入的信息识别等，通过立体的信息感知进行严密而有效的安全防范。

（3）共享协同的图书馆

互联的图书馆需要有信息共享的基础和环境，突破体制和机制的障碍，实现信息互联共享基础上的深度协同。这种共享协同的创新实践在图书馆服务与管理中是可以大有作为的。例如各图书馆可以创建个人诚信信息系统，各个图书馆的读者诚信记录可以实现同城联网、全省联网乃至全国联网，这就需要运用智慧图书馆建设的协同理念，在信息技术的支持下创建图书馆诚信协同机制，并逐步建立起图书馆读者诚信网。图书馆各区域空间的服务与管理可以借用社会管理中的网格管理理念和方法，将图书馆服务空间划分为若干服务管理网格，在特定的网格空间中实现共享协同管理，及时、就近地为读者提供全方位和一体化的服务，使读者的问题和期望在某一服务点位上一揽子得到解决和满足，为读者节约时间，使读者服务更加方便快捷，管理更加主动到位。

2. 智慧图书馆是高效的图书馆

高效的图书馆是节能低碳的图书馆，是灵敏便捷的图书馆，也是整合集群的图书馆。智慧图书馆表面上看在相当程度上是数字化、网络化和智能化的技术问题，但从深层次的角度观察，智慧图书馆实际上是一个服务问题、管理问题和环境问题，是一个图书馆的发展战略问题，也是未来图书馆的发展模式问题。

（1）节能低碳的图书馆

绿色发展是当代全球发展的趋势和聚焦点，也是智慧图书馆的灵魂，而节能低碳正是绿色发展的重要途径和方法。节能低碳的图书馆与智慧公众有密切的联系，许多方面需要读者与馆员转变阅读与工作方式，增强绿色发展的理念并付诸实践，从身边的事情做起，从一件件小事做起。

图书馆是用纸大户，若在工作中减少用纸，对读者倡导数字网络的文献保存与传递方式以减少复印用纸，将有很大的节能空间。据测算，每节约10张A4纸，可节约1度电；每节约3000张A4纸，可少砍伐1棵20年树龄的树。如此，图书馆通过节约用纸即可在无形中为绿色发展做出不少贡献。图书馆还可以通过使用感应电梯、感应用水、节能照明、雨水利用等方法来节约能源，也可以通过讲座、展览等特色服务来倡导低碳理论，包括节俭、责任、公正、和谐等原则。

（2）灵敏便捷的图书馆

智慧图书馆就是要实现图书馆服务与管理各要素间的整合转型，体现图书馆反应的即时性和适时性，使图书馆复杂的神经系统在面临千变万化的动态发展情况下能够做到"耳聪目明"并快速反应,借以提高图书馆管理的灵敏度;在智能技术的帮助下做到图书馆应急管理中的第一时间发现、第一时间处置、第一时间解决、第一时间公布,提升图书馆的管理效率。20世纪末21世纪初以来,随着大型图书馆建筑一个个拔地而起,图书馆的电梯数量越来越多,电梯故障也时有发生。通过智能技术的物联网,可以实时监控电梯运行,让每台电梯成为"安全员",使电梯运行故障得到及时发现并处置。而同城(乡)一卡通服务体系的构建,也使图书馆信息系统的负载越来越大,系统故障不能完全避免;而一旦体量巨大的信息系统遭遇"短路",就会给全系统的总分馆服务带来很大的影响,这就需要运用信息应急系统来避免系统可能的突发故障。例如采用备用系统或替代方案等,并进行各图书馆相关人员的应急演练,以体现智慧图书馆信息管理系统的灵敏便捷、快速反应功能。

(3)整合集群的图书馆

智慧图书馆将实现跨系统的应用集成、跨部门的信息共享、跨网络的融合互通,以形成可操作、可控制、可监管、可共享的互联平台和集约发展,包括馆藏特色文献平台、全媒体数据库平台、人财物信息统计公开平台、读者服务数据统计平台、法规制度政策平台等,为读者和业界提供一体化和全方位的管理与服务。这正是智慧图书馆追求的整合集群管理的理想形态。

"同城一卡通"是21世纪初以来图书馆整合集群的典型案例。这种突破行政区划和城市中的分级财政而实现的跨区域的全城(乡)一卡通,使图书馆公共文化服务体系实现了质的飞跃,使原本一个个独立的图书馆资源整合为集群共享的图书馆,使图书馆的设施资源、文献资源及人力资源的效能走向了最优化。近10年来,网上讲座和网上展览整合集群联盟的形成与发展,使得这两项发展迅速的图书馆新的核心业务发挥出更大的效益,使东中西部图书馆的特色资源得到了互相支持和共同发展,尤其是使广大中西部地区和东北地区的读者享受到了原本难以得到的东部地区图书馆的讲座服务和展览服务,也使东部地区读者享受到了颇具特色的中西部地区和东北地区的讲座服务与展览资源。

3. 智慧图书馆是便利的图书馆

智慧图书馆将给读者和馆员的学习与工作带来巨大的变化。随着信息技术引领、图书馆管理方式的转型及读者信息素养的提升,智慧图书馆将给广大读者带来便捷利民的实惠，成为无线泛在的图书馆、就近一体的图书馆、个性互动的图书馆。

（1）无线泛在的图书馆

21世纪初，韩国首尔提出了"泛在城市"计划，以构建城市内随时随地网络接入和服务接入的城市信息环境；之后，美国费城市政府提出"无线费城"规划，以实现城市内宽带无线网络覆盖。泛在城市和无线城市给无线泛在的图书馆创造了良好的信息环境。中国信息环境的发展也为无线泛在图书馆创造了数量巨大的潜在用户。移动互联网已深入包括图书馆服务在内的电子商务、媒体传播、信息服务、生活娱乐等几乎所有社会生活领域。无线数字图书馆正在成为越来越多图书馆的服务方式。有线宽带城域网、无线宽带城域网、移动数字电视网、移动多媒体网的多网融合立体型基础网络架构正在一些城市中形成，并陆续应用于文化服务等领域。目前，全球"无线城市"已达1500个。通过无线城市的建设，图书馆已经并将不断构建起"图书馆总在我身边"的学习阅读环境，让读者通过手机和多媒体信息载体实现时时可读、处处可读、人人可读的学习休闲环境。即大多数文献都能够合理使用信息技术或在数字化环境中利用；大多数读者能够熟练运用信息技术进行文献查询和信息咨询，进行自主学习、探索研究并解决阅读中的问题；大多数的图书馆服务方式能够提供跨时空的服务路径，让读者可以得到个性化、可选择、互动型的服务。深圳图书馆倡导、实践的城市街区24小时图书馆服务就被誉为智慧图书馆的一种泛在式的创新服务。

（2）就近一体的图书馆

智慧图书馆的精髓是以人为本理念下的数字惠民，就是要让读者能够就近实现同一空间一体化的阅读学习解决方案，享受智慧图书馆带来的身边的服务，以体现智慧图书馆便民、利民的本质追求。

手机图书馆或掌上图书馆成为一体化图书馆的生动体现。中国国家图书馆的"掌上国图"则以其独特丰富的内容形成了服务的特色。移动通信在图书馆中的广泛应用，使21世纪初提出的"我的图书馆"的创新理念真正落到了实处。

通过信息技术的整合，世界上的一些大学图书馆已经实现了同一阅览空间的印本阅读、数字阅读、电子传输、数字下载、按需印制等一体化服务方案，避免出现以往让读者在各楼层上下奔波的情况；同时让读者穿越了私人研究工作空间与图书馆阅读学习空间的传统隔离，可以更自由、更自主、更方便、更泛在地利用图书馆。

（3）个性互动的图书馆

智慧图书馆是服务质量更高的图书馆。这种高质量的服务品质，体现在智能化程度更高的个性化的服务，以及读者参与互动式、自主式的服务与管理。如上海世博会举办期间，上海图书馆与普陀区图书馆合作，在世博园区中设置了图书自助漂流亭。这种自助漂流亭可以进行网上信息查询、参考咨询、文献传递，也可以24小时自助借还印本图书。还有不少图书馆开展了一种服务，即读者预约图书馆讲座，只须提供手机号码即可进入网上排队系统，系统以短信及时告知读者预约是否成功。图书馆的微博分享、你问我答、网上知识竞赛、电话预约、网上联合知识导航站、外借远地预约就近取书、微信公众号互动等都体现了个性互动的服务。这种个性互动的服务是借助于日益发展的数字化、网络化和智能化的技术进行的。智慧图书馆的发展体现了以人为本的理念：智慧图书馆的发展是为了读者，图书馆的创新转型要让读者得到实惠，图书馆提高服务品质要让读者共同参与，智慧图书馆的发展成果要与读者共享。智慧图书馆的发展秉持如下的价值观：更智慧的图书馆、更优良的服务与管理。

四、智慧图书馆建设的层次模型

新一代信息技术的高速发展，以及在图书馆中深入应用的重构，实现了智慧图书馆高度的互联和智能。智能设施、数据处理、网络传输、智慧服务，是智慧图书馆的主要构成要素，根据其相互之间的支撑关系，以及智慧图书馆未来所要实现的功能特点，可构建智慧图书馆建设的层次模型。

（一）感知识别层

感知识别层是智慧图书馆的基础设施层，主要由各种传感器构成，包括温度传感器、湿度传感器、烟雾传感器等，以及二维码、RFID、摄像头、红外线、iBeacon室内定位等感知终端。通过对各种感知技术的应用，实现对图书、设备、环境等物的感知，以及对用户身份、位置、情景等的感知。感知层是物理世界信息获取的终端，为数据汇聚层提供数据支持，是智慧图书馆实时进行物体识别、信息采集的基础。在移动环境中，通过智能终端使用的移动传感设备，如RFID、蓝牙、GPS等，采集读者的原始情景信息；通过读者登录时的账号，捕捉其位置信息，获得借阅记录和偏好等动态信息，并分类过滤。

（二）数据汇聚层

数据汇聚层是智慧图书馆建设的重要环节。通过感知层能获得各种原始监测数据，但这些原始数据中有大量的冗余信息。在下一步的数据传输中，冗余信息总会消耗无线传感器网络中有限能量资源的70%。需要经过数据汇聚技术的处理，减少数据传输量，以减少通信开销，延长无线传感器网络的寿命。另外，感知设备获取的各种数据，要经过传感器中间件等技术的处理，才能更好地进入下一环节。

（三）网络传输层

网络传输层是整个物联网的关键，即图书馆服务智慧化的关键，主要由互联网、广电网及无线传输网等组成。智慧图书馆中的传感器可根据具体需要安装在馆内的不同位置，通过网络传输层将感知层获得的信息及时地传递给图书馆工作人员，协调并同步图书馆各层面的工作，实现环境、任务的智慧获取和处理。智慧图书馆应用服务层智慧泛在服务的提供，必须依托于感知层获取的数据，但更离不开网络层的传输。

（四）应用服务层

应用服务层是在其他各层的支持下，图书馆直接为用户提供智慧服务的阶段，体现了图书馆的核心价值。服务层主要基于数据挖掘技术、主动推送技术、机器人技术、空间重构技术，以及云计算技术等，对获取的数据进行分析、整合及知识挖掘，进而为读者提供个性化的智慧服务，以及实现对馆内工作的智能管理。

总的来说，智慧图书馆是通过各层次的协同、配合，实现应用服务人性化、泛在化的目的的。

第二节　智慧图书馆的技术支持及核心要素

智慧图书馆是智慧化的综合体，由智能技术、智慧馆员和图书馆业务与管理系统这三个主体要素相互融合发展而成，是智能技术和智慧馆员作用于图书馆业务与管理体系所形成的智慧系统。其中，智能技术是实现智慧服务的途径和手段，包括物联网和智能代理等关键技术；馆员及其智慧是图书馆开展智慧服务和智慧管理的核心；优化的业务与管理是智慧图书馆发挥作用的基础条件。

一、智能技术

智能技术应用到图书馆业务与管理的各个环节和流程时，构成了包含智能楼宇管理、智能定位系统、智能采访、智能图书推荐、智能信息检索、智能信息咨询和智能情报分析等在内的智慧图书馆，而当智慧馆员与智能系统相结合将服务提供给用户时，智慧服务便应运而生。智慧图书馆建设的关键在于技术装备和技术手段，这些技术是实现智慧图书馆管理和服务的前提。智慧图书馆研究的几个关键技术包括：Saas 系统、物联网、RFID 技术、ZigBee 技术、可穿戴技术、数据挖掘技术、3D 虚拟现实技术、Beacon 技术、人工智能技术。

（一）Saas 系统

图书馆一切硬件设施的铺设与建造都是为了让软件服务能够更好地开展，因此软件服务才是智慧图书馆的本质核心。Saas 系统是 "soft as a service" 的简称，它是进入 21 世纪以来针对快速多变的软件开发需求而衍生出的一种软件应用模式。Saas 系统的工作原理就是用户依据自身的需求向厂商订购软件服务，厂商将研发成功的软件、数据库统一部署在自己的服务器上，用户只需要通过互联网连接服务器便可直接使用该软件，且软件和服务器的维护与管理全部都由厂商负责，用户不用费心参与，从而节省了自身培养操作与维护人员，以及购买数据库和软件的成本。有人认为 Saas 系统实际上提供的是一种多租户的软件租赁服务。以往的图书馆软件开发模式是馆内自筹技术人员开发或者是直接从生产商处购买，生产商会对后续维护与升级服务额外收费，这会加大图书馆的经济负担。而图书馆采用Saas软件开发系统，以联盟共生的方式推动智慧图书馆的建设，智慧联盟各成员馆可以组成一个多租户群，对于图书馆建设和发展中需要用到的共同的软件服务实行多租户的Saas系统，共同与软件开发商洽谈协商，"只租不买"，减少了费用的消耗，并根据实际情况选择合适的数据存储模式，互利共生，共同发展。

（二）物联网

物联网概念的核心思想是借助于RFID等各种传感设备，将物理世界中的各种实体与信息世界互联互通，并通过对传感设备功能的升级和拓展，实现信息世界中的指令能够直接对物理世界各种联网设施进行管理和控制，形成一个更大范围的统一系统。关于物联网的学术定义是：具有自我标示、感知和智能的物理实体基于标准的通信协议进行连接，构成物理世界和信息空间之间融合的信息系统。目前，国内外都掀起了研究物联网的热潮。"智慧地球"的概念一经提出，便受到了全世界的关注。总体而言，目前主流的研究者基本将物联网和CPS视为对等的研究对象。物联网技术发展的前提是对相关技术进行标准化。虽然物联网领域还有很多标准有待制定，但从目前的发展势头来看，物联网标准化工作正朝着积极、统一的方向发展。当前，我国还处在物联网技术的应用初期，研究的方向主要有射频识别（RFID）与传感节点技术、组网与协同处理技术、应用软件与系统集成、体制体系及标准符合性测试等。

（三）RFID技术

RFID是一种非接触式的自动识别技术，主要通过射频信号自动识别目标对象并获取相关数据。作为物联网的核心感知技术，RFID技术并不是孤立的，它可以通过与互联网、通信等技术的结合，实现全球范围内的信息共享。RFID技术更多地得到了广大图书馆的青睐。RFID技术在图书馆的应用多以RFID标签的形式，RFID标签主要分为低频段、高频段、超高频段和微波频段。在图书馆领域常用的是优点较为突出的高频段和超高频段两种，可以帮助图书馆很好地实现部分智慧化功能，如24小时全天候自助还书、图书的自动分拣、排架和顺架，以及快速盘点馆藏资源、更高安全系数的智能门禁等。在国内有关智慧图书馆技术的研究中，RFID被众多学者提及，多位学者都对RFID技术在智慧图书馆中的应用进行论述，并根据分析存在的问题提出了相应的建议。由此我们可以推断，RFID技术是智慧图书馆的核心技术，但它并不等同于智慧图书馆。

RFID技术在智慧图书馆中非常具有潜力，它是图书馆具有智慧性的前提。RFID具有以下四种功能价值。

1.图书馆最宝贵的资源在于它储藏的海量文献

在分类法的帮助下，馆员们只能将图书按大类进行管理，无法具体到某一本书，但若采用RFID标签，这一局面将会彻底改变。前期馆员们只须将书本信息输入RFID标签，再把标签植入到书本中，日后读者或者馆员查阅时，只需要在图书馆系统中键入书名，显示屏上便能快速显示该书的方位、路径，便于查找。同理，由于RFID技术使得图书能够被快速定位，它在跟踪外借图书、追踪物流、防止图书失窃方面也能发挥卓越的作用。

2. RFID在图书馆中的另一项重要的功用体现在预约阅览室座位上

经过改良的（植入重量传感器）带有射频标签的座位可以通过馆内覆盖的无线网络将自身是否空闲的信息发送给控制中心，中心接收后会把这些信息汇总，以图像的形式呈现在馆内阅览室显示屏上，读者也可以根据手机客户端APP查阅，并在线免费预约，根据自己的喜好预约具体的书桌及具体时间段，逾期的预约系统会在保留20 ~ 30分钟后自动取消。对于恶意预约的行为则严厉禁止，通过扣减个人图书馆信用积分、减少借阅数量、限制预约等做到违者必究。RFID在图书馆照明采光、防火、通风、安全认证等方面的应用上也有着巨大的价值，在此不再一一列举。

3. RFID的广泛运用，可以把图书馆打造成物联网中的一部分，实现馆馆相连、馆人相连、馆物相连和物物相连

在建设智慧图书馆时要多加运用RFID技术，但该技术的运用，尤其是对人的标签植入会涉及隐私权的问题，所以要有后续的技术和法律支撑，以杜绝隐私泄露的问题。这需要政府早日出台相关法律，保障用户权益，为智慧图书馆建设提供法律保障。

4. RFID标签的普及会促进NFC的广泛运用

NFC又称近距离无线通信，是一种短距离的高频无线通信技术，允许电子设备之间进行非接触式点对点数据传输（在10厘米内）。这种技术由RFID演变而

来，并向下兼容RFID。它在图书馆服务中也获得了越来越广泛的应用。

（四）ZigBee 技术

ZigBee是一种自组网的双向无线通信技术，具有低成本、低功耗、低速率、低复杂度等特点。ZigBee在远距离身份识别、环境监控及无线网络定位等方面有较为突出的优势，但是与RFID系统相比，其在近距离通信及精准身份识别系统等方面则有劣势。ZigBee与RFID之间存在明显的优势互补，将两者结合起来，可应用于图书馆的感知网应用系统设计，有利于确保所获取数据的准确性及完整性。

（五）可穿戴技术

可穿戴技术是一种嵌入式的新兴技术，将物联网、多媒体、RFID、可穿戴设备、传感器等泛在网络技术嵌入到人们日常的衣着和随身物品中，从而实现人机智能交互。可穿戴设备依托云计算和大数据，打造人、环境和网络的无缝连接，使捕捉到的用户信息更加准确、真实。作为智慧图书馆建设的助推器，可穿戴技术在图书馆中的应用包括对读者进行多功能导航，提高各群体对图书馆的利用率，实现用户个性化知识服务，充分体现了智慧图书馆以人为中心的理念。

（六）数据挖掘技术

数据挖掘是在大数据背景下产生的一种新兴技术。运用数据挖掘算法，如KNN算法、支持向量机、决策树、朴素贝叶斯算法等，可在大量数据中搜索出具有利用价值的数据，并将其转换为有用的信息和知识应用于各领域。智慧图书馆运用数据挖掘技术可以将图书馆中海量的知识资源动态串联起来，满足用户的个性化需求，在智慧图书馆用户行为、知识发展趋势、用户群变化、图书馆发展等预测领域，都具有绝对优势和良好的发展前景。

智慧图书馆通过着力发展数据挖掘技术至少会取得三个方面的效果。

1. 向用户推送信息，提供个性化业务

智慧图书馆的服务应当做到满足用户的个性化需求，这又包括两个方面的内容：①对用户自身的推送；②对相同偏好用户群的推送。每位智慧图书馆的用户都会用自己的个人信息注册图书馆账号以方便接受服务，那么，用户的学历、性别、年龄、检索历史、借阅情况等结构化、半结构化和非结构化信息都会被记录在图书馆的服务器上。系统便可采用数据挖掘技术对这些信息进行分析，判断用户偏好。当有满足用户偏好的书目上新或者被归还时，系统可以自动向用户推送这些消息，吸引用户注意。

对于相同偏好用户群的数据挖掘和分析则可以帮助图书馆向该群体推荐恰当的书目，使"一人独占"变成"群体共享"，方便大家交流和推荐优秀书籍。此外，对于将来新注册的用户，系统可以根据他们注册时提供的年龄、专业、性别等信息进行预判，直接推送相关书籍，帮助用户节省检索时间与精力。

2. 提供"组合阅读"的功能

在数据挖掘技术的帮助下，系统可以计算出不同图书间微小却又紧密的联系，方便图书馆对图书重新分类排架，使图书具有"1＋1＞2"的组合功能。例如将烹饪类的图书与养生方面的书籍搭配上架，效果会更优。

3. 可将图书馆的各类结构化、半结构化、非结构化资源合并分析，各图书馆间也能充分进行信息沟通

在用户行为、知识发展趋势、用户群变化、图书馆发展等预测领域，数据挖掘技术具有显著优势。

（七）3D 虚拟技术

"虚拟"一词最早出现在计算机领域，被用来扩大内存、帮助CPU运算，这也就解释了起初的虚拟技术为何大多是以2D形式呈现的。伴随着社会的发展，3D虚拟技术被提上了研究日程。但是，3D虚拟技术提高的仅仅是画面的立体感和逼真度，只有嵌入了人工智能的3D才能造就互动的"虚拟物"。智慧图书馆3D虚拟的实质是用户与具有人工智能的智慧中枢间的交流，虚拟物其实是人工智能的"代言"。此外，要为读者营造逼真的3D环境，使书中的场景和知识可视化。因目前虚拟技术成本较高，故智慧图书馆在前期建设中只需要在馆中开辟一个专门用作3D虚拟演示的空间即可，后期可逐步扩展。来访者可以通过手机APP、智慧图书馆网站或到馆预约体验。来访者应当被事先告知，为了维护设备安全和馆内秩序，体验过程在法律允许的范围内会被监控和记录。

3D技术得以运用的前提是大量馆员事先对海量图书知识资源进行扫码和编

码，将其转换成动画、视频、音频等信息存储在数据库中。这是一项长期工程，需要各智慧图书馆间相互协作才能完成。

（八）Beacon 技术

苹果公司发布的iBeacon协议是一种基于低耗能蓝牙技术（Bluetooth Low Energy，BLE）的信标。Beacon技术是利用BLE的特性使Beacon信息基站和能感应Beacon信号的智能设备实现数据感知，其最大的特点是能够创建基于位置的情景式服务体验，在图书馆应用的效果是服务方式随读者情境变化，即时提供适用的服务体验。可以说，Beacon技术为智慧图书馆服务带来了新的应用方案。

1. Beacon 服务系统

Beacon服务系统由Beacon设备、手机终端、服务器三部分组成。技术原理是手机终端进入Beacon设备可接收范围内时，会接收到Beacon设备发射出的位置信息，再上传到服务器；服务器分析信息后，将处理指令传输到手机终端。与标签式定位不同，Beacon技术实现位置导航采用的是三角定位，这就需要更多的Beacon设备来增加部署密度。通常的导航需要靠多个信源来插串位置，因此要使用多个Beacon。使用一个Beacon时，可以定位出读者在它的附近；而如果用三个Beacon，就可以准确地知道读者的具体位置。Beacon的服务主要是通过开发专用APP或集成到原有APP中来提供的，开发专用APP可以利用Beacon实现多种服务但开发成本高，集成到原有APP的方法可以节省成本但可实现的服务功能有限。开发模式下的图书馆微信平台经认证后可以搭建Beacon应用平台，实现类似"摇一摇周边"的简单应用服务。

Beacon技术在国外一些大型博物馆已经获得应用，目前正应用于一些大型图书馆。例如美国加利福尼亚州的奥兰治郡公共图书馆及日本名古屋大学中央图书馆均部署了Beacon设备，用于向读者提供馆藏定位、馆内3D导航、图书馆活动预告等服务。Beacon基站在获取用户情景信息方面普遍适用，可以与Wi-Fi、NFC结合使用，共同获取用户的位置、轨迹、行为等情景信息。

2. Beacon 设备在图书馆信息服务中的应用

（1）入馆读者信息推送

在图书馆入口处安装Beacon设备，当读者接近图书馆入口时，Beacon设备自动阅读读者手机上的APP或读者一卡通并向读者发送信息。内容可以是读者的个性化信息，如读者已借阅图书信息、预约研修室信息、座位预约信息等，还可以包括图书馆读者培训信息、图书馆开展活动信息等。

（2）馆内3D导航服务

目前，一些国内外大学图书馆已经实现了基于Beacon设备的图书馆内3D导航服务应用。当读者进入图书馆后，应用手机上的APP输入图书馆元素信息，图书馆服务后台将采用Beacon、RFID等技术，自动为读者提供所查信息定位导引服务，在读者的手机上显示3D导引地图，让读者能随时随地从所在位置获取自己需要的信息资源，从而节省读者的查找时间。

（3）读者所在位置信息服务

Beacon技术最广泛的应用方向是场景化信息推送，该项功能已经在国内外一些大型博物馆及图书馆得到了应用。它能很方便地为读者提供所在位置的信息服务，如当读者停顿或徘徊在某一书架区域时，还能向读者推送该区域的新到书刊信息，同时根据该读者以往的借阅记录推荐在架书刊信息等。

（九）人工智能技术

人工智能技术是时下最热门的先进技术之一。它模拟人类大脑来进行运作，其中包含多个领域的技术，如智能机器人、语音识别、机器学习平台、生物特征识别技术等，与智慧图书馆的建设理念较为契合。近年来，政府工作报告再次提及"人工智能"，将"实施大数据发展行动，加强新一代人工智能研发应用"作为政府工作的方向。近两年，国家及政府有关部门也从战略层面确立了人工智能发展战略目标，促进开展人工智能前沿技术研究，并相继推出了《机器人产业发展规划》《促进新一代人工智能产业发展三年行动计划》《新一代人工智能发展规划》等一系列政策规划。未来人工智能技术将成为推动产业服务转型升级、提高人民生活水平的主要动力，深刻改变人类社会生活，改变世界。图书馆作为公共服务的重要机构，其发展都伴随科学技术的创新与突破，互联网的问世、物联网的发展、人工智能的兴起，都是图书馆从传统图书馆向智慧图书馆跨越的推动力。目前，国内还没有学者发表人工智能技术在智慧图书馆应用方面的研究成果，但这并不代表智慧图书馆的未来建设中不会运用到人工智能。随着近两年国内人工智能技术的快速发展，各科创公司对人工智能的研发力度不断加大，我们推断，人工智能技术将会成为智慧图书馆技术体系的重要一员，甚至成为核心技术，而人工智能技术与图书馆的融合也可能会成为未来学者研究的热点。

近年来，图书馆虚拟咨询机器人技术仍发展活跃，随着移动端社交软件的广泛应用，咨询机器人的应用平台开始基于微信平台、移动端APP等开展。东南大学图书馆、哈尔滨工业大学图书馆、深圳图书馆、上海闵行区图书馆纷纷基于不同的平台开发完善图书馆智能咨询机器人，针对读者需求提出设计方案，详细介绍系统架构和功能模块，并在实际应用中取得了良好的效果。图书馆智能机器人技术除了广泛应用于虚拟咨询机器人的服务模式构建外，在图书馆盘点机器人、咨询机器人、移动机器人这样的实体机器人的建设上也有较多实际应用的探索。有学者从图书馆监控的角度，提出了一种动态交互的融合自主漫游及远程监控的图书馆移动智能监控站系统模型，填补了国内移动机器人的监控功能应用研究空白；南京大学图书馆基于超高频RFID技术研制开发了智能图书盘点机器人，图书盘点机器人可以自动快速地识别图书的信息及图书所在书架的位置信息，减轻馆员的上架负担，实现了图书馆利用机器人管理图书的服务；还有，南京大学智慧图书馆的研发产品——咨询服务机器人"图宝"，不仅可以提供咨询服务，还能迎宾引路、识别信息和进行简单的中英文交流。智能咨询机器人的落地化应用探索效果甚佳，这是智能机器人技术在国内图书馆应用中的重大创新突破。实体机器人在图书馆与书店中的应用逐渐成为一种趋势。近年来，上海图书馆、湖北省图书馆、杭州新华书店、北京图书大厦等纷纷引进机器人，服务读者并吸引读者。

除了上面所提到的几种技术外，还有一些应用于智慧图书馆构建的技术，如Wi-Fi、NFC等室内定位技术、二维码技术，都在智慧图书馆研究中引起了人们的关注，并将在智慧图书馆的建设中应用。但是，任何一种技术都不能在智慧图书馆建设中独立存在，都需要与其他技术相配合，才能更好地实现图书馆的智慧化服务。

二、智慧图书馆的核心要素

（一）广泛互联的图书馆

智慧城市通过以移动技术为代表的物联网、云计算等新一代信息技术应用实现全面感知、泛在互联、普适计算与融合应用，图书馆这一文化载体为这些新技术的创新应用提供了文化实践的平台。物联网的本质是信息技术支持下跨时空的物物相连，云计算的本质则是大数据环境下泛在便捷的网络访问和个性化服务，这就为智慧图书馆创造了广阔的互联空间。智慧图书馆可以将图书馆、网络、数据库、物体及广大读者统一在智能的网格中，联为一体。智慧图书馆的"互联性"就是"万物互联"在图书馆的体现，也是万物互联环境下智慧图书馆构建的基础。

1. 馆际互联的图书馆

在书书相连、书人相连的基础上建立起馆馆相连的图书馆是智慧图书馆的追求。智慧图书馆"互联"是智慧图书馆最本质的特征，也是构建智慧图书馆的关键。馆际的互联性更多地体现在馆际合作上，包括图书馆间的通信、图书资料的互借共享、图书馆在线联盟服务等。通过地区间的共享联盟，馆际互联的图书馆突破了时间和空间的限制，激活了单个馆的馆藏文献，延伸了单个馆馆员的服务效能，增加了广大读者的服务选项。

2. 数据库与数据库之间互联的图书馆

在知识互联和跨学科的环境下，只有实现本馆内的库库相连和各图书馆间的库库相连，乃至与社会各机构和全球各机构的库库相连，才是实现图书馆智慧发展的重要管理和服务理念。当今数字化环境渐渐成熟，读者逐步享受在线数据库所提供的快速查询与获取信息等服务，但面临一个问题：尽管目前有许多在线数据库可供使用，但使用者往往不知自己所要找寻的信息在哪一个数据库中。如何集成目前各个数据库的检索功能，提供一个简单灵活的检索接口已成为当前智慧化图书馆的研究重点之一。数据与数据之间的互联性主要体现在数据库之间的互联互通，各种类型的数据库能够兼容、集成整合，最常见的就是跨库检索。国家科技图书文献中心和国家科技数字图书馆共同组建"开放获取资源跨库检索系统"，目前，其运行效果也受到各界的好评。

3. 人物相连的图书馆

人与物之间的互联性主要体现于人与机器、各类设施的互联。一方面，用户能够更方便、更有效地使用图书馆设备，满足自身的信息需求，如武汉大学图书馆采用电子阅览器为读者提供馆内资源导航服务；另一方面，图书馆能够利用各种机器设备为用户提供服务，包括座位预订、信息推送等。一些图书馆还开展了

"讲座通道"服务，即读者能够根据自己的阅读需要来预约读书讲座。有了数字化、网络化和智能化的基础建设，图书馆如同一台便捷式电脑，随时可以打开使用，读者可以在任何方便的时间与知识和信息进行对话；智慧图书馆给读者带来更多时间上的选择，读者可以感受到图书馆的随时存在性和即时可利用性。

4. 人人互联的图书馆

智慧图书馆中，人与人之间的互联性包括馆员之间的互联性、用户之间的互联性，以及馆员与用户之间的互联性。馆员间应经常相互交流，用户之间可以通过图书馆官网上的读者在线论坛进行交流，参与和分享图书馆活动。馆员与用户之间的互联体现在馆员可以通过各种渠道为用户提供各种服务，如在线咨询服务、学科服务等；用户可以对服务进行反馈，提出自己的意见或建议，实现双向交流。微博、微信、微视频等新媒体工具创新了阅读资源的传播方式，阅读资源的传播不再是单向传播，而是增加了互动性。读者还可以通过互动平台分享阅读心得和感悟，以达到在短时间传播阅读资源的目的，阅读内容在读者之间可以直接分享和交流。以主流阅读APP掌阅、Kindle为例，用户可以在海量的阅读资源中选择自己感兴趣的内容进行略读、选读或细读，并通过好友分享、读书笔记、好书共读等方式与其他读者进行互动，提高阅读效率和影响力。很多图书馆开通微信公众号作为读者服务的平台。图书馆微博的类型一般为"图书推荐""新书推荐""原创微博""转发并评论"和"通知公告"五种。新媒体平台的出现，进一步拉近了图书馆与广大读者之间的距离，使图书馆与读者间的信息桥梁变得更加通畅并形成了互动的形态。在智慧图书馆的发展阶段，由于移动互联网的产生和发展，信息创建、处理、传输和搜索变得十分便捷，信息制造与发布的主体已不仅仅局限于图书馆馆员，广大读者也加入了信息数据创造者行列，各个图书馆与读者间的信息流动更快、更直接。

（二）融合共享的图书馆

1. 传统与数字融合的图书馆

传统图书馆和数字图书馆并存的形式称作复合图书馆，也称混合图书馆，是从传统图书馆到数字图书馆的一个过渡阶段。在复合图书馆中，信息资源、信息载体、技术方法、服务规范、服务对象、服务手段、服务设施、服务产品等都是复合的。信息化时代，图书馆只有将数字信息载体与纸质信息载体有机结合融为一体，形成一个全新的复合型图书馆，才能为读者提供各种信息服务，从而加快图书馆现代化、智能化、智慧化建设。

2. 多样融合的图书馆

随着信息技术、新媒体技术和网络技术的快速发展与普及应用，新时代图书馆是充分融合和包容的多样化图书馆。图书馆中存在多样化的阅读方式，包括纸本阅读、电子阅读、新媒体阅读、真人阅读、有声阅读、互动阅读、艺术阅读等方式；同样存在多样化的文化空间，如阅读空间、研修空间、创客空间、多媒体视听空间、艺术修养空间（音乐戏剧欣赏）、休闲交际空间、娱乐空间、网络空间、社交新媒体空间、学习共享空间等。

美国图书馆协会（ALA）的未来图书馆中心发布的题为《趋势》（*Trend*）的研究报告中详细阐述了美国社会、政治、经济、技术、教育、人口和环境的发展趋势及其将对图书馆产生的影响。未来的图书馆将成为一个为每个公民免费开放的社区共同空间，该空间可以增强读者之间，以及读者与技术、资源的互动，是一个多样融合的空间。

3. 校地融合的图书馆

图书馆生存在一个相互依赖的时代。各类型图书馆联盟逐步兴起和不断发展，推动了区域共建共享图书馆的步伐。21世纪初，英国图书馆和信息委员会发表了《发展学习型社区》的报告，报告指出，社区或一定地域内的大学图书馆和公共图书馆应该通力合作，为用户提供更好的服务。校地融合型图书馆是指由地方政府和高校共同出资兴建，共同使用，可同时满足高校读者和社会读者需求的一种新型办馆模式。国外校地融合型图书馆的实践起步于20世纪70年代，国内则起步于20世纪90年代，这种新兴信息实体是地方政府和高校共同打造的学习中心、文献信息中心和文化休闲中心。其定位主要是高校与地方政府或高校图书馆与地方公共图书馆双方紧密合作，共建共享、共用共管。它兼有高校图书馆和公共图书馆两重目的，既要服务校内师生，为教学科研提供资源和服务，又要向社会全面开放，服务市民，为市民提供继续教育、信息服务和文化休闲的场所。从资源、技术、服务三大要素来看，资源建设与整合是共建共享的基础，技术是共建共享和可持续发展的保障，而服务既是共建共享的目的，也是检验资源建设水平和技术能力的最终途径。创新高校和区域图书馆用户服务，实现校地融合型图书馆服务效能1＋1＞2的目标，直接影响着其是否能够持续发展。美国科利奇希尔图书馆是由科罗拉多州的威斯敏斯特公共图书馆和前程社区学院图书馆联合共建共享的图书馆。英国伍斯特市的伍斯特大学图书馆、伍斯特郡公共图书馆、伍斯特郡档案馆和当地商业协会共建了图书馆。校地融合图书馆更加注重资源共建共享，服务对象和范围更加广泛，打破了条块分割的管理模式，使得图书馆管理方式能够更好地融合，为文献信息资源的共建与共享扫清了行政管理障碍，提升了图书馆利用率。

第三节　智慧图书馆的应用服务层技术

一、云计算技术

云计算（Cloud Computing），是一种超级计算模式，因其云状的拓扑结构图而得名。远程云计算数据中心里，大量的电脑、服务器相互连接，形成一片电脑云，通过系统资源的划分，为需要处理资源的单位动态分配计算机资源。作为一种新兴的共享基础构架方法，云计算的目的是实现更加安全、更低成本的IT服务。目前，国外的IBM和亚马逊等公司，国内的无锡软件园、中化集团等机构或公司，都成功建立了自己的云计算中心。

云计算最基本的特性是虚拟化、整合化和安全化。面对大规模的数据存储，TB甚至PB级别，需要海量信息处理能力。智慧图书馆利用云计算，可以轻松地进行智慧信息处理，而且对于数据的应用，可灵活建立跨单位的语义关联，对用户终端发出的需求进行智能化回复，用户无须了解复杂环境，便可简单、随意地利用资源。另外，云计算可以有效地解决"数字图书信息孤岛"问题，通过将数字图书资源置于云中心，形成一个数字资源的"虚拟资源池"，用户借助云计算，在虚拟资源池中进行检索，这就从根本上打破了传统图书馆之间的"信息壁垒"。智慧图书馆作为海量数字资源的存储基地，云计算的出现，特别是云存储技术的应用，为其实现各种方便、快捷、高效的智能化服务，提供了技术支持。

智慧图书馆应用云计算服务，如基础设施服务、平台服务、软件服务等，都可直接从云计算提供商处获得。分析当前学者们的研究可知，目前，云计算在图书馆内的应用主要通过两种方式实现：租用云计算服务，构建基于云计算服务的平台。因为租用服务在提高图书馆计算服务效率的同时，能节省更多的人力、物力、财力等资源，充分提高了智慧图书馆的运作、服务效率，因此应用更为广泛。

二、数据挖掘技术

数据挖掘，顾名思义是从一堆数据中挖掘出有价值的知识的过程。严格来讲，是从大量模糊的、随机的、不完全的数据库中，提取出人们预先未知的、有价值的、潜在知识的过程。数据挖掘的过程较复杂，但大致可分为三个主要的阶段：数据准备—数据挖掘—结果分析。数据挖掘的方法较多，如关联分析、预测建模，聚类分析、异常检测等。另外，对于同一个挖掘方法，又可以有多种算法，因此实际应用中就较灵活、多变，具体问题具体分析。大数据环境下，海量的数据资源使得数据挖掘技术成为公司企业、单位机构发现知识的重要工具。

图书馆作为大量信息的存储机构，随着信息技术的应用，图书馆内的资源变得更加丰富。智慧图书馆环境下，不仅有知识资源，还有用户的身份信息、借阅记录等，这些都属于结构化的信息。另外，还有用户的行为痕迹，如检索方式、存储行为等，这些属于半结构化或非结构化信息。但无论是结构化、半结构化数据，还是非结构化数据，都是静态存在的资源，要使其实现智慧化、泛在化，就要通过数据挖掘技术，将各种数据动态串联，以挖掘其深层次的价值。例如运用数据挖掘技术，综合分析用户的学历、年龄，以及检索历史、借阅情况等信息，可以判断用户的阅读偏好，可主动为其推送满足用户喜好的信息，提供个性化服务。还可通过数据挖掘技术，分析有相同偏好的用户群，进而主动向该群体推送书目信息，变"一人独占"为"群体共享"。此外，对新注册的用户，按照其年龄、专业等信息，推断其可能感兴趣的书目，并主动推送或为其提供分类订制、个性化检索等，使图书馆服务变得智慧化、个性化。图书馆还可运用数据挖掘技术研究其用户群的变化，预测未来发展等，以便及时做出决策。

三、主动推送技术

信息推送技术，是遵循一定的技术标准或协议，以用户为中心，根据用户在终端设置的个性化需求，通过服务器主动将符合要求的信息发送到用户终端以供用户随时查看、使用。信息服务方式有较强的主动性，服务内容有较强的针对性。

在传统邮递服务的基础上，在Web信息传送中引入"订阅"概念，是信息推送技术的一大特点，通过用户的订阅，主动为用户传送数据。信息推送服务系统由三部分构成：①用户需求管理数据库，根据用户填写的信息需求表，由服务器进行统计分析，建立用户需求数据库；②信息数据库，建立信息库，根据用户需求从Web上收集信息并分类、整理，制定个性化的信息标准，确定信息都能依照标准进入信息库；③服务器信息推送，作为第三代浏览器的关键技术，能有效缓解信息过载。

不同于传统图书馆的被动服务，智慧图书馆最大的特点之一是主动服务，这就离不开信息推送技术的支持。推送的信息不仅专业性极强，而且有较强的专指性、针对性，在提高图书馆资源使用率的同时，又减轻了网络传输负担，扩大了用户范围，实现了真正意义上的泛在服务、智慧服务。

四、RFID 技术

RFID（无线射频识别）于20世纪80年代初被引入并用于物品追踪和访问控制应用，因其使用基于射频的技术并结合微芯片技术进行物品追踪，故被称为RFID。这些无接触和无线自动识别数据对于捕获系统在工业和物流、纺织和图书馆等环境中的运行情况非常有效。在这些环境中，条形码标签无法保存，需要库存控制和废物管理。由于其追踪移动物体的能力，RFID已经在牲畜识别和自动车辆识别系统中得到了应用。近年来，它被越来越多地用于追踪图书馆里的书籍、音频、视频磁带和其他多媒体的收藏情况。在认识到RFID技术的优点后，图书馆界开始考虑将其作为一种比条形码等识别技术更快、更有效的流量管理工具。

RFID的一大优势在于它不依赖于"视线"，因为它使用的是射频信号。与条形码相比，RFID能通过无线通信，一次将多个标签自动读取完成，不需要借助人力，而条形码则需要在读取器前以人工方式进行读取。RFID系统在恶劣的环境中能有效工作。在这些恶劣的环境中，过多的污垢、灰尘、湿气和较差的能见度通常会妨碍条形码快速识别过程；而RFID最突出的优势之一是能够以极快的速度在这些环境中读取数据，在大多数情况下，响应时间不到100毫秒。

RFID标签取代了条形码和传统的安全系统，为图书馆提供了智慧服务。如在自助借还书服务中，用户借书时可以通过简单直观的界面实现自动化，还书时可以通过在图书退还槽中同时完成签入和数据库更新来实现自动化。在图书盘点服务中，RFID技术加速了图书盘点工作，提高了图书寻获率，精简了人力，缩短了时间。图书快速上架服务，搭配图书自动分类站，缩短了还书上架的时间，保证了图书收集管理的准确性。在安防服务中，可通过安全通道门记录与提示信息，即时了解并处理未借阅图书被带出图书馆的问题。

五、iBeacon 技术

iBeacon技术是苹果公司提出的一种低成本的定位和信号传送技术，内置在智能手机中。iBeacon技术是基于识别码iBeacon信标来实现的，信标是一个小型BLE（低功耗蓝牙）设备，由电池供电。它发送少量信号，智能手机应用程序则可以接收信号并执行操作或共享位置。iBeacon有两个主要的功能：一个功能是定位；另外一个功能是通过与手机应用程序相结合从而向用户发送信息。根据应用程序的不同，可以发送一般的信息，也可以发送个性化的信息。这意味着iBeacon可以根据用户所处的位置（取决于应用程序以及用户打开的位置服务）向用户发送个性化的相关信息。

零售店是最早应用iBeacon技术的地方，梅西百货和苹果公司已经将它们安装在所有的门店中。用户在安装了梅西百货的Shopkick及苹果商店的应用程序后，根据用户在商店的位置，会收到有关销售和其他交易的"有用"信息。当用户的订单完成后，苹果公司则会通知用户。

在图书馆中应用iBeacon技术可以为用户提供一些新的服务，如基于位置的事件通知、推广新的图书馆服务、追踪用户在图书馆的移动路径及停留时间等。

六、VR 技术

虚拟现实（VR）技术是计算机生成的三维（3D）图像或环境的模拟，可以通过特殊电子设备以看似真实或物理的方式与人进行交互，如带有屏幕的头盔或装有手套的头盔（带传感器）。这种技术旨在让用户有一种身临其境的感觉，体验实时观看的内容。在图书馆中，虚拟现实技术在某些方面可以用于帮助图书馆和其馆员进行信息素养活动。通过应用虚拟现实技术，用户可以进行虚拟的图书馆之旅，以展示如何在图书馆内进行虚拟走动，并虚拟地在图书馆中查找图书馆资源。用户还可以将 VR 应用程序下载到智能设备上，进入 VR 生态系统，然后体验历史、数学、文学、艺术或任何其他学术领域的内容。EON Energia Mobile 是一个可以下载到 iOS 或 Android 设备上的 VR 应用程序的例子。它被美国卡内基梅隆大学、英国帝国理工学院、新加坡南洋理工大学和其他许多教育机构使用。课堂学习和在线学习的结合为用户提供了沉浸式虚拟现实体验，使教育工作者或图书馆馆员能够将 3D 内容与视频、音效和解说结合起来。

七、人工智能技术

人工智能技术是指通过普通计算机程序来呈现人类智能的技术。人工智能专注于符号、非算法问题的解决方法。人工智能的研究范畴包括自然语言处理、智能搜索、机器学习、人工生命、人工神经网络、遗传算法及数据捕捞等方面。目前，人工智能主要应用于专家系统、自然语言处理、模式识别及机器人领域。

专家系统是一种以知识为基础的计算机系统，它起着提供数据库访问和获取相关信息的智能接口或网关的作用。它们的范围很广，从简单的基于规则的扁平数据系统到非常大规模的集成开发。专家系统是一种计算机程序，它为特定情况提供专家建议、决策或推荐解决方案的计算机程序。专家系统由知识库、推理引擎和用户界面组成。在图书馆中应用专家系统可以让工作人员与用户进行对话，帮助图书馆馆员认识到提高生产力的必要性。同时，专家系统也可以让用户与数据库进行对话，从而提高用户服务的质量。专家系统可以应用于图书馆的参考咨询服务、自动编目服务、分类服务、索引服务、采集服务等服务中。

自然语言处理是让计算机把输入的语言变成有意思的符号和关系，然后根据目的再处理。它的目标是设计和构建能够分析、理解和生成人类自然使用的语言的计算机系统。计算机科学的长期目标之一是教计算机理解我们所说的语言。计算机语言的最终生成是自然语言。自然语言处理在图书馆中应用于搜索数据库中，如图书馆公共查询系统（OPAC）。

模式识别是在一些新的刺激和以前存储的刺激模式之间建立密切匹配的过程。这个过程在所有生物的生命中不断地进行着。模式识别的研究涉及心理学、行为学、认知科学和计算机科学等多个领域。模式识别基于先验知识或基于从模式中提取的统计信息。模式识别的组成部分是数据采集、预处理、特征提取、模型选择和培训及评估。模式识别在图书馆中应用于信息检索方面，信息检索中最基本的技术涉及识别对象的关键特征。例如自动索引和自然语言处理经常用于自动提取有意义的单词。同时，模式识别也可在基于索引、分割技术的图像结构、颜色及形状识别方面进行应用。如用户可以使用语音识别和场景分割技术来识别音频和视频中有意义的描述。

机器人通常被描述为人工智能的子领域，与感知和运动任务有关。机器人是一种机械设备，它使用人工智能技术执行自动化任务，可以根据人类的直接监督或预先定义的程序或一套通用指南执行自动化任务。机器人技术在图书馆中可用于智能咨询、图书盘点、图书自动存取、自动化立体书库，以及面向特殊人群的辅助服务等。机器人是一种能够自主控制、自给动力执行任务的机器，是人工智能的一种。它综合运用了多种学科，如仿生学、机械电子科学，以及材料科学、控制论理论、计算机科学等，是将科学技术应用于实践的产物。

目前，根据各行各业的需求，具备不同功能的机器人应运而生，有适用于军事活动、工业生产的，也有适用于医疗救助、农业劳作的。机器人的使用不仅节省了大量资源，更以高工作效率取得了显著的效果。图书馆也在发展变化中应用此技术，虽然尚未有较成熟的机器人技术应用，但机器人技术的引入必将提高图书馆的智慧化程度，减少馆员的劳动量和劳动时间。例如在保安保洁、迎宾及报刊信件签收分发、信息咨询等岗位设置具备相应功能的机器人，在解放馆员劳动力的同时，还能起到事半功倍的效果。但是，任何事物的出现都有两面性，机器人引入图书馆各项工作中，虽然能带来便利，但也会造成一定的经济、社会问题，需要考虑其解决措施。

第四章 公共图书馆智慧服务的构建及发展

第一节 公共图书馆智慧服务的内涵与释义

目前，关于智慧服务现阶段的研究开始涉及智慧图书馆的本质追求，更多地注重发展理念的创新与信息技术支撑下的"智慧服务"，而多数研究的主要目的是分析用户信息需求，构建个性化知识推荐服务体系。智慧图书馆所提供的智慧服务将具有场所泛在化、空间虚拟化、手段智能化、内容知识化、体验满意化等特点。图书馆知识服务是顺应知识经济时代发展的服务，建立在智慧基础上的知识服务是推动知识开发、知识应用的重要因素，是知识服务的高级形态。

图书馆2.0与智慧图书馆体系都是建立在复合图书馆或数字图书馆的基础上，两者的主要区别在于硬件及技术。图书馆2.0主要依赖Web2.0技术，包括Blog、Rss、Wiki、Instant Message、Tag、Ajax等，而智慧图书馆则主要依赖物联网、传感技术和云计算技术。因硬件和技术方面的优势，智慧图书馆与图书馆2.0相比，能提供更高层次、更具个性、更加智慧的信息服务，但两者的服务理念与内涵是一致的，都是"以用户为中心，以个性化服务为原则"。

在智慧图书馆环境下，图书馆服务的台阶应该增加一个，即第四个——智慧服务。

一、智慧服务提出的背景

20世纪初，社会生产力的发展只有5%依靠科学技术进步，到20世纪末，发达国家的这一比例已达到70%～80%。进入21世纪，科学技术作为第一生产力已经越来越得到充分的体现，经济的发展比以往任何时候都更加依赖于知识的生产、扩散和应用。知识在现代社会价值创造中的功效已远远高于人、财、物这些传统的生产要素，成为所有创造价值要素中最基本的要素。知识与经济的紧密结合标志着知识经济时代的来临。

在知识经济时代，图书馆服务的模式应该是基于信息资源的知识挖掘，以及具有用户需求分析功能的专家式的系统服务，即知识服务。图书馆服务的发展是在不断提升的，其有三个台阶：一是文献服务；二是信息服务；三是知识服务。这一路径反映了服务从依赖资源、技术与工具转变为越来越依赖图书馆人的智慧。而基于图书馆馆员智慧的知识服务可以称为智慧服务。

二、智慧服务的概念

智慧是对事物能迅速、灵活、正确地理解和解决的能力。智慧在经济领域又称为创意，创意是创意产业发展的支撑点。创意产业指运用创造性智慧进行研究开发、生产交易的各种行业和环节的总和。例如杭州智慧园作为智慧产业综合门户网站，致力于建设环球智库，发掘过剩智慧和稀缺智慧的价值，即会聚全球各个领域、各个层次的专业人才，利用他们的过剩智慧或稀缺智慧为广大中小企业和各级政府提供省钱、省时、省心的难题攻关和一般智慧任务一揽子解决方案，确保智慧需求方和智慧供应方都能从过剩智慧或稀缺智慧中受益。从这个例子中我们可以得到这样的启示：知识经济时代，社会发展、产业发展不仅需要信息、知识，更需要智慧。智慧是推动知识转化为生产力、实现知识价值化的重要力量，是国家创新产业发展的源泉。

智慧既是在知识的基础上运用知识而创造新知识的过程，也是运用知识解决新问题的过程。在这个过程中，知识的有效获取是前提。图书馆是人类社会的知识中心，是知识汇聚和传播的重要场所，能帮助知识用户在知识应用过程中创造新知识、解决新问题。这种智慧服务不是仅靠提供图书馆的信息服务就能实现的，必须依靠图书馆创造性的知识服务，或者说是依靠图书馆智慧的知识服务。智慧服务就是指建立在知识服务基础上的运用创造性智慧对知识进行搜寻、组织、分析、重组，形成实用性的知识增值产品，有效支持用户的知识应用和知识创新，并将知识转化为生产力的服务。图书馆智慧服务与经济领域的创意服务具有相似性，但其关注的是通过知识产品的服务给知识用户带来现实的经济效益或社会效益，实现知识产品的增值，并推动社会进步和生产力的发展。

三、知识服务与智慧服务的关系

智慧来源于知识。知识是对信息的使用、归纳与演绎、分析与综合等逻辑思维方法进行处理的产物，是人们认识和经验的总结，是抽象和逻辑的东西，必须经由人的大脑才能产生、识别和加以利用，而智慧则是为达到目标而运用知识的能力。智慧在于创新，可以从无到有地创造或发明新的东西；智慧在于发现，可以发现虽然本来就存在但还没有被认知的东西。

知识服务是智慧服务的基础，智慧服务是知识服务的升华。知识服务以信息的搜寻、分析、重组的知识能力为前提，从各种显性和隐性信息资源中对有关信息内容进行筛选、分析、组织、重组，产生或形成有针对性的新的知识产品的服务；而智慧服务则是建立在知识服务基础上的专业化的创造性服务模式。知识服务侧重于知识组织、知识共享、知识传递，而智慧服务的重点是为知识生产、知识开发、知识创造服务。知识服务注重知识的整合与知识导航，而智慧服务注重知识的价值实现、知识转化为生产力，通过智力和专业能力为用户创造价值，通过显著提高用户知识应用和知识创新效率来实现价值。知识服务是智慧服务的前提和基础，智慧服务的根本特征是实现知识增值。从创造价值的角度来说，智慧服务提升了知识服务的内涵，是知识服务的升华。

四、智慧服务的特征

印度著名图书馆学家阮冈纳赞在其著名的《图书馆学五定律》中提出"书是为了用的""每位读者有其书""每本书有其读者""节省读者的时间""图书馆是一个生长着的有机体"，明确了图书馆的核心定位就是开发人的智慧、陶冶人的情操、启迪人的心灵，最大限度地满足人们日益增长的精神文化需求，使人们能够充分利用自己的智慧更好地服务于社会，创造更多的物质财富和精神财富，使人类社会更加文明、和谐、昌盛。智慧服务是图书馆实现其核心定位最根本、最有效的途径。

与以文献载体为主的图书馆文献服务、以信息传播为主的图书馆信息服务、以知识传播为主的图书馆知识服务相比，图书馆智慧服务是以用户的智慧生成过程为中心，致力于培育用户驾驭知识、运用知识和创新知识的能力，进而实现智慧创造。图书馆知识服务是智慧服务的前提和基础，而图书馆智慧服务是图书馆知识服务的深化和升华。

图书馆智慧服务有以下六个基本特征。

第一，公共性。公共性是指其服务对象是面向广大群众的。图书馆本身就是一个公共服务机构，是政府为了方便大众更容易地获取知识而建造的，它的终极目标就是尽一切可能满足社会公共需要，确保所有大众都能享受到图书馆为他们提供的人性化、无偿的智慧服务。

第二，智慧性。首先，智慧性就是通过智能技术建设智慧图书馆，拓宽图书馆本身的资源，让用户在图书馆的任何角落都能享受到方便、快捷的智慧服务；其次，智慧性也指最大限度地对图书馆内的所有文献资料重新进行知识挖掘并将获得的新知识传递给用户，做智慧的引领者、普及者、推动者与启迪者。图书馆所提供的服务是在文献服务、信息服务、知识服务基础之上的智慧服务，图书馆充分发挥其客观知识的拥有者、整合者、启发者的核心作用，帮助用户在知识应用的过程中创新知识、提升智慧。

第三，服务性。图书馆的最大职能就是服务，智慧服务摒弃了以前传统图书馆的被动服务方式，取而代之的是主动服务。图书馆员应该主动、积极、热情地与读者沟通，为读者推荐适合其阅读的资源，悉心听取读者的意见。最后真正实现阮冈纳赞（S. R. Ranganathan）提出的五定律，将读者、图书馆馆员、资料融为一体，形成真正意义上的智慧服务。

第四，资源丰富性。图书馆必须通过物联网、云计算等先进的信息技术，掌握丰富的信息资源，包括纸质资源、数字资源、网络资源等。

第五，管理集群化。图书馆通过集群化综合服务平台实现知识的共建性整合、集约式显示、便捷性获取、无障碍转换、跨时空传递等。

第六，服务协同性。服务协同性包括行业协同、地区协同、国家协同、全球协同等，在系统的顶层设计上整体推进，使资源由分散趋向集约、由异构趋向统一，克服资源在布局上各自为政、分散管理和重复建设的弊端，实现智慧图书馆的管理使命。

智慧服务的目的在于通过知识运用和知识创造实现知识产品的增值效应而在智慧服务过程中，团队智慧显得尤为重要。通过智慧团队的智慧服务必然能够提高用户智慧团队的创造性，进而促进生产力的发展，为知识用户带来巨大收益。

智慧服务的特征是以知识运用能力为核心、知识创造为本质、知识团队为服务对象的。

五、智慧服务的核心

知识有五种演进层次，即从"噪声"中分拣出数据，转化为信息，升级为知识，升华为智慧。数据是最原始的信息表达方式，信息是有价值的数据，知识是用于解决问题的结构化信息，而智慧则是为达到目标而运用知识的能力。也就是说，信息来源于数据，知识来源于信息，而知识则是智慧的基础。在知识传播过程中，信息、知识、智能三者之间是一个相互转化的过程，即"信息是基本资源；知识是对信息进行加工所得到的抽象化产物；智能是利用信息资源加工生成知识，进而激化知识生成解决问题的策略信息，并在策略信息引导下具体解决问题的能力。信息、知识和智能在整个信息过程中的地位及它们之间的相互关系正好符合人类认识自身世界和优化世界活动过程中由信息生成知识、由知识激活智能的过程"。智慧服务的显著特征就是知识的运用，核心是运用知识解决问题的能力。

六、智慧服务的本质

在图书馆学的认知中，关于图书馆智慧服务的本质大概分为三个方面，即技术智能性、知识性和人文性。

技术智能性的智慧服务强调图书馆的智能技术，在智能技术发展如此之快的今天，没有技术的支持是万万不能的。在图书馆由传统图书馆发展到数字图书馆的过程中，图书馆服务方式的不断变化，处处离不开技术的支撑。尽管技术上的升级更新在图书馆的发展中扮演着重要的角色，但应该避免刻意夸大技术的重要性，因为它再怎么重要，提高的只是图书馆设备的智能性，服务方面的智能性还要靠图书馆馆员的共同努力才能完成。图书馆是用来服务大众的，技术只是一种服务的手段或方式，是最基本的图书馆服务形态。

知识性的智慧服务就是更高级的知识服务，且具有知识的创新性，并将这种智慧服务作为未来图书馆服务的核心。这种想法看似美好，实则不切实际。因为就我国目前的国情来看，实现这种智慧服务所花费的人力、物力将会非常巨大，国家不可能将有限的资源全部投入进去。图书馆作为信息与知识的主要储存地，所提供的最多的服务应该就是借还书和最基本的参考咨询服务。图书馆不可能把其服务的重心放在仅靠图书馆学者和图书馆馆员对知识进行重组和创新上，即便在这方面取得了些许成就，那也是相当有限的。

人文性的智慧服务意指通过提高图书馆馆员的人文智慧来提升图书馆自身的人文智慧从而吸引更多的读者，并挖掘出潜在的读者。通过提高图书馆馆员的人文智慧并且加强他们的知识储备才能更好地为读者提供智慧服务，才能使图书馆更智慧地运转。图书馆的存在就是为了服务于全人类。在智慧图书馆中，应该摒弃以前传统的被动服务模式，为用户提供更智慧的服务，通过智慧服务，真正体会到"人守其学，学守其书；为人找书，为书找人"的乐趣和意义。

综上所述，智慧图书馆的知识服务应该在强调技术智能性和知识性的基础上，将重心放在人文性和人性化上。馆员应该提高自己的心智，提升自己的知识素养，运用自己的智慧与用户进行交互和沟通，让用户在图书馆既能找到自己所需的物质资源，也能寻找到一份宝贵的精神资源。馆员与用户之间的交流、合作学习也能提升彼此的智慧。

七、智慧服务的主客体

将知识转化为生产力的过程必然是集体的过程，而不仅仅是个人的努力，因而智慧服务强调团队观念，提倡团队意识，开展团队服务。它包括两个方面：一方面是知识组织者的智慧团队；另一方面是知识用户组成的智慧团队。

知识组织者的智慧团队是指图书馆知识工作者（也可以是其他信息机构）组成的具有较高的信息技术能力和知识开发能力的团体，即智慧服务的主体。其特点有两个：一是依靠团队力量来组织知识生产和提供智慧服务；二是加入用户团队，作为用户团队处理信息、应用知识、解决问题的内在成员来进行智慧服务。由于图书馆工作者本身的知识结构缺陷，要完成智慧服务有其局限性。知识组织者可以渗透到用户团队中，作为用户智慧团队的成员提供知识服务，将知识智慧贡献给知识用户团队，从而实现智慧服务，这是一个不错的选择。例如国家科学图书馆按照"统筹规划、分工负责、协同保障"的思路，建设了体系化、层次化、协同化的全馆战略情报研究团队，覆盖科技创新的主要学科领域。团队主要分为四个层次：宏观领域情报团队（战略决策情报中心、科技政策情报团队）；科学领域情报团队（基础科学、资源环境科学、生命科学、战略高技术）；科技创新基地领域团队（1+10科技创新基地团队）；学科情报研究组（科技评价组、情报技术平台组等相关团队）。

知识用户的智慧团队是指图书馆知识工作的服务对象，即智慧服务客体，包括政府或企业决策机构、科学研究课题组、企业产品研发团队、专业社会团体等。知识用户团队本身也是知识工作者，其知识工作的本质就是知识创造。在知识经济时代，技术进步的速度大大加快，知识团队在知识创造中的作用日趋明显。一方面，由于社会分工的精细化和专业化，个体知识用户的知识积累在加深的同时广度却在缩小，而知识创造活动需要多种知识的融合，使得个体之间协作开展知识创造成为需要；另一方面，现代社会中知识创造活动复杂、创造成本高、创造风险大，单个知识用户很难独立完成知识创造活动。形成知识团队在知识创造、技术创新中具有重要的意义。

由此不难看出，智慧服务的主客体都是知识工作者，也就是运用知识进行知识发现、知识创新的人组成的团队。两者的结合形成知识创造能力的互补，必然产生更强的创造力，进而实现在原有知识基础上的知识增值。

八、智慧服务的内容

建立在知识服务基础上的智慧服务，关注的是知识转化与应用，因为知识本身并没有价值，它的价值体现在知识运用的过程之中。在信息社会中，图书馆服务的目的就是要实现"用知识和智慧创造价值"。创造价值的过程就是知识转化和运用的过程。目前，图书馆智慧服务的应用尚处于初级阶段，主要有以下三个方面。

（一）决策支持

为知识用户团队提供决策支持服务是信息服务机构的基本内容。从我国来看，社会信息咨询机构发展缓慢，政府政研机构实力有限，大多数中小企业缺乏研究团队，而图书馆具有专业的情报服务能力，能够为知识用户提供决策支持服务。为知识用户提供决策支持的主要形式是专题服务，即通过对特定内容的信息、知识的加工、分析、挖掘，形成专业的知识产品，为政府、企业、社会团体的决策提供智力支持，包括专题社会信息服务、专题产业分析报告、专题行业资讯等形式。下面以专题社会信息服务为例来说明。专题社会信息服务是指图书馆根据社会需求开展的针对各个时期工作的重点、热点、难点问题，收集、分析、筛选有关信息，以简报、内参、专题报道等形式提供给相关信息用户决策层，为决策者充当参谋和助手的角色。

提供决策支持不能仅仅是提供信息层面的服务，还应该是元数据挖掘与分析基础上的创造性服务。数据挖掘也称知识发现，是从数据库中获取人们感兴趣的知识，这些知识是隐含的、潜在的。数据挖掘技术通过从数字图书馆、数据仓库和浩瀚的网络信息空间中发现并提取隐藏在其中的信息，帮助信息用户（决策者）寻找数据间潜在的关联，发现被忽略的要素，而这些信息对预测趋势和决策行为是十分有用的。只有在数据挖掘基础上提供知识产品，才能将图书馆智慧转化为决策智慧，为知识用户提供决策支持服务。

（二）科学研究

科学研究是知识发现、知识创造的过程，即知识生产过程。知识生产是人们在物质生产过程中发明、发现、创造各种物质运动转化的条件及能量来源的思想观点、方法、技巧等的过程。为科学研究提供智慧服务，是图书馆知识服务的核心。

研究型知识用户是知识需求的主体，其需求是反映国内外有关课题的历史状况、当前水平和未来发展趋势等的综合性知识。他们所需要的不是一个个信息片段，而是精炼、浓缩的系统化知识。在不同的研究阶段，他们需要不断地获取与课题有关的大量系统知识及实验数据。为此，图书馆智慧服务团队可深入某一学科、某一研究项目中，配合研究型知识用户，从课题立项到成果鉴定，进行全程跟踪服务。同时，对该研究项目学科的相关知识、成果评价的知识、权威信息源或载体的知识等进行描述、评价和提示，对专业数据库进行智能类聚和链接，对口提供专业细化、面向课题的个性化专题知识服务。此外，图书馆智慧服务团队还要为研究型知识用户提供各个学科领域的最新研究动态、各个学科当前以至将来的研究热点，预测学科的发展方向，提供学科研究的核心信息源。为科学研究提供智慧服务的关键在于知识挖掘和专业分析。不同专业领域都有其特定的专业数据库，如化学专业的化合物数据库，将这些专业数据库与文献数据库通过标注描述建立映射关系，可以实现知识的发现。

（三）产品研发

产品研发是指各种研究机构、企业为获得科学技术（不包括人文、社会科学）新知识，创造性运用科学技术新知识，或实质性改进技术、产品和服务而持续进行的具有明确目标的系统活动。产品研发一般指产品、科技的研究和开发。研发活动是一种创新活动，需要创造性的工作。其中，技术研发是指为了实质性改进技术、产品和服务，将科研成果转化为质量可靠、成本可行、具有创新性的产品、材料、装置、工艺和服务的系统性活动。产品研发水平是衡量一个国家创新能力的重要指标。产品研发的前提条件包括研发团队、研发经费、研发信息等。研发团队成员一般具有高学历，而且具备将知识转化为生产力的运作能力；研发经费是产品研发的必要条件；研发信息则是产品研发的基础，三者缺一不可。

图书馆为产品研发提供的信息包含基础知识信息和专业知识信息。基础知识信息属于知识服务的范畴，专业知识信息属于智慧服务的范畴。

基础知识信息是研发"所需的有关技术经济信息、经济决策信息、管理信息、市场供求信息、政策措施、实践经验、热点问题、同行企业的发展态势、经营管理、科技发展、新产品开发和市场占有率等信息，为企业生产和决策服务"。专业知识信息则是系统化、创造性的信息。从知识管理角度来看，新产品研发过程就是知识共享、知识转化、知识创造的过程。对国内外大型企业而言，实现新产品研发领域知识的管理，特别是研发知识资源共享和共用，是新产品研发知识管理系统的首要任务。然而，当前还没有形成统一标准的知识管理系统模型框架。目前，已有几种比较典型的知识管理系统模型，如基于多代理人的系统模型、基于舱结构的系统模型、基于统一建模语言的集成化系统模型和基于"社会–技术"双视角的系统模型等。但对于大多数中小企业而言，仍存在建立知识管理系统条件不足的问题。

图书馆智慧团队应该充分利用自身的知识智慧，主动嵌入企业产品研发团队，提供知识产品服务。采取构建产品研发信息交流协作空间、个人知识库、机构知识库、专题知识库、学科知识门户等形式，通过知识服务，推动产品研发团队的知识共享、知识转化、知识创造，促进企业的创新能力提升，提高知识转化成现实生产力的能力和效率。以上海图书馆为例，其提供的企业服务主要有：①企业技术战略和规划研究；②知识产权保护系列咨询服务及其战略研究，侵权调研与分析；③行业调研、市场调查、产品定位、商业机会分析；④科研成果、立项、专利、新产品等查新与评价；⑤企业综合性的个性化情报服务等。

智慧服务要求知识服务精品化。对产品研发团队来说，他们已经不再满足于为其提供一般性知识服务，而需要提供解决问题方案的核心知识内容。这就要求将分散在该产品领域及相关领域的专业知识加以集成，从中提炼出对研究、开发与创新有用的"知识精品"供其使用，帮助其寻找新知识的生长点，激发知识创新的灵感，促进主观知识（隐知识）向客观知识（显知识）的转化运动，缩短技术创新周期，提高技术创新水平，增加人类知识总量。为此，图书馆智慧服务团队应贯穿于用户解决问题过程的始终，提供从知识捕获、析取、重组、创新、集成到应用的全程一体化服务。

第二节　公共图书馆智慧服务的途径及构建

一、多时间、多空间的图书馆服务途径与构建

多时间、多空间的图书馆服务是现代图书馆的基本服务形式，也是智慧图书馆的基本内涵要求之一。智慧图书馆除为用户提供基于传统的物理图书馆建筑进行的基本书籍借阅等服务外，还能提供延伸空间与时间的服务。"三网融合"也为这种延伸提供了便捷支持条件。利用网络、电视、新媒体享受基本的图书馆服务不再是难题，网络图书馆、手机图书馆、24小时自助智能图书馆保证了全天候的多时间服务。智慧图书馆在多时间、多空间的服务途径构建中，一方面须以实体的物理图书馆为阵地，增加以阅读活动、信息服务等为主要内容/主题的活动；另一方面须增加手机图书馆、网络数字图书馆、24小时自助图书馆等服务平台，延伸和丰富图书馆的服务载体，使用户在任何时间（包括白天、晚上、节假日）、任何地点（如办公室、家里、地铁）都可以通过图书馆实现信息的获取与利用。可喜的是，目前，我国越来越多的图书馆建设了网络图书馆、数字图书馆

和手机图书馆。随着社会生活节奏的加快及信息价值的进一步显现，企业也敏锐地觉察到了民众信息需求的迫切性，开展了诸多的图书借阅服务，如中信出版社所推出的"云端图书馆"。这些方式新颖、服务贴合实际、创建主体多元的服务形式也都进一步阐释了智慧图书馆的多时间、多空间服务内涵特征。

二、以人为本的图书馆服务途径与构建

以人为本是智慧图书馆的另一大主要内涵，特别是随着近年来信息技术的发展及应用，越来越多的图书馆注重技术在服务与建设中的实践，提高了图书馆的服务水平和效率，但在具体的发展中，很容易走入重视现代生活元素而忽视传统人文特色的歧途，如在馆舍建设、资源构建方面走铺张浪费道路，重馆舍面积及馆藏数量而轻服务等，导致图书馆社会文化传播、研究、储存的本职功能未能真正发挥其该有的作用。智慧图书馆在以人为本的服务途径构建中，应重视原有的传统服务优势，充分发挥馆员及馆藏优势，开展如特色馆藏服务、学科服务、信息咨询服务、数据挖掘等，通过人和信息相互结合而发挥作用的嵌入式、专业化服务，使图书馆真正成为社会知识组织、研究与服务的中心。

三、高度智能的图书馆服务途径与构建

智慧图书馆强调图书馆的高度智能与智慧管理。在高度智能方面，信息技术及系统的发展促使管理系统广泛应用于图书馆的资源、人力、财务管理等各个领域，Web2.0、RFID等技术的应用也为图书馆智能化的资源定位、智能化的资源推送、智能化的资源订制、智能化的资源管理、智能化的办公等提供了条件和实现的可能。在智慧管理方面，图书馆管理者既须重视文献资源的收藏、研究与利用及客户知识的挖掘、组织与服务，也需重视图书馆在社会文化建设中的社会责任；既须重视读者用户的服务环境、服务效率与服务水平建设，也须重视将读者吸引、融入图书馆建设中作为图书馆可持续发展动力与要素的作用。智慧图书馆在智能化服务的实现途径构建中，可主要以实现智能化的图书存放与调度系统、智能化的图书馆安防系统、智能化的服务环境调节系统（如灯光调节、温度调节等）、智能化的信息管理系统（如个性化知识的智能化抓取、组织与推送等）为突破口，运用智慧管理，推动智慧图书馆对现代图书馆进行一场发展理念、服务

技术、管理形态的全新革命。

四、基于"第三空间"理念的图书馆服务途径与构建

随着全媒体时代的到来，人们更加强调图书馆的文化休闲作用，图书馆将从传统的以书为中心转变到未来的以人为中心，以实现阅读、休闲功能的"第三空间"为共识。"第三空间"一词也准确表达了近年来人们对图书馆特别是公共图书馆的建设愿望。"第三空间"所反映的图书馆休闲理念也是智慧图书馆的主要理念之一，因为智慧图书馆也强调图书馆的休闲功能。智慧图书馆在基于"第三空间"理念的图书馆服务实现途径构建中，可以将增加图书馆的咖啡屋、音乐室、文化活动室等作为主要方式来实现，再通过营造舒适的人文、绿色、休闲环境来凸显图书馆的休闲氛围，使读者在休息中阅读、在阅读中休息。

五、基于资源共享、集群发展要求的图书馆服务途径与构建

信息社会海量的信息及用户信息需求的复杂多样对现代图书馆资源建设提出了挑战，而网络信息技术的发展为资源的共享提供了条件。走资源共享道路、构建地方公共图书馆服务体系也因此成为近年来我国公共图书馆的发展趋势之一，总分馆、集群式、联合发展等资源共享模式已在我国东部沿海城市的公共图书馆中得到实践。智慧图书馆的服务模式是一种新型的以知识和信息共享整合、便捷利用、多维度服务为主的服务模式，资源共享与集群式发展是智慧图书馆的一大主要特征。智慧图书馆在基于资源共享、集群发展内涵要求的服务实现途径构建中，须在借鉴已发展成熟、国内迅猛发展的总分馆等建设模式基础上，总结、分析自身的特殊性与差异性，因地制宜，找到一条适合自己发展的资源共享、集群管理发展模式。

六、公共图书馆智慧服务系统的基本构成

图书馆智慧服务系统由信息资源采集、处理、加工整合、最终的服务系统构成，即由智慧信息采集系统、智慧资源加工系统、智慧信息整合系统、智慧化服务系统构成。

（一）智慧信息采集系统

信息的采集是图书馆开展服务工作的前提和基础，图书馆的智慧信息采集系统首先对感知对象进行主动知识描述，通过信息的全面感知，将信息、读者、图书馆连成一个循环的整体，实现三者之间的两两互联，并最终将这种感知触及全社会。智慧信息采集包括对读者身份信息的采集和对读者需求信息的采集。

1. 读者身份信息采集

读者的身份信息包括读者的基本信息，如年龄、性别、职业等，阅览信息，如借阅信息、到馆次数等。图书馆把这些信息收集起来形成读者信息库，并随着到馆情况的变动，对信息进行及时更新。

2. 读者需求信息采集

读者需求信息采集是在对读者身份信息分析的基础上，针对不同的群体需求特色采购不同的信息资源，基本分为纸质资源和电子资源。纸质资源除了采购普通的书籍之外，还应当购入少儿图书和盲人书籍；电子资源除了数据库，还应当有各种光盘、音频等音像资料，以照顾到不同群体的需求。

（二）智慧资源加工系统

采集完读者的信息之后，需要对读者的需求信息进行加工处理，以形成与之相适应的信息类型，这就涉及图书馆的智慧信息加工系统。市场上的信息加工系统有清华同方的 TPI、北京金新桥的 TBS、浙江天宇的 CGDMS、北大方正的 Apabi、北京拓尔思的 TRS 等。具体来说，这些系统的主要工作流程如下：首先对文献信息资源予以数字化转化，并进行标示；其次，对形成的数字化内容进行校对；再次，对校对后的内容进行数据加工和编目；最后，把完成的内容存储到智慧系统中。

以上是针对文献信息的加工。针对电子信息资源的加工，如录像带、光盘、磁盘等，需要专门的非书籍资源管理系统。市场上的这类系统有杭州麦达的"非书籍资料管理系统"、江苏汇文开发的"非书籍资料管理系统"和南京昂科公司开发的"非书籍资料管理系统"等。需要注意的是，针对不同的用户群，需要采取不同的信息加工形式。

（三）智慧资源整合系统

加工后的信息通常具有多样性、杂乱性、无序性等特点，因此需要经过整合形成直接供读者使用的"良构"信息。智慧资源整合系统通过互操作和结构化这两种技术可以将散乱的信息转化为有序的信息资源。其中，互操作技术解决异构资源互联的问题，包括智能 Agent 技术、搜索引擎技术、数据挖掘技术、知识管理技术等；结构化技术解决数据的"优构"问题，包括元数据技术、Ontology、中间件技术等。

智慧信息整合系统通过对信息资源的分类、评价、标引、建库等步骤形成一个结构化数据库，读者通过检索平台可以浏览或查找到需求的相关信息，这也是当前公共图书馆资源建设的重要方式之一。市场上目前也有一些资源整合系统，但大多都存在准确率差、覆盖率低等缺点。智慧信息整合系统利用 Agent 的自主性、智能性等特点，针对上述问题，提供了一个改进方案。

智慧资源整合系统的工作由以下四部分组成。

一是网络信息采集 Agent。网络信息采集 Agent 采集读者的信息和网络信息，形成读者信息库，并根据网络信息和读者信息的变动，保持读者信息库的及时更新。

二是信息评价 Agent、信息标引 Agent、信息分类 Agent。信息评价 Agent 对采集到的信息进行评价，并将符合检索要求的信息归入到已评价信息库；信息标引 Agent 对已评价信息进行标引，并存储到已标引数据库；信息分类 Agent 对已标引的信息进行分类，并存储到已分类数据库中。

三是控制调度 Agent。控制调度 Agent 对所有的 Agent 统一调控，并对已分类信息的敏感关键词进行过滤。

四是信息发布 Agent。信息发布 Agent 把控制调度 Agent 过滤的信息发布到图书馆的信息检索平台。

（四）智慧服务系统

将信息整合为有序的"优构"信息后，就可以存储到智慧服务系统中。图书馆智慧服务系统主要分为离线部分和在线部分。离线部分主要用于挖掘和处理数据，因为须处理的数据源海量复杂，会影响推送的实时性，因此将其设为离线部分。离线部分由目标用户和相似用户的信息行为数据组成。目标用户的组成要素包括用户属性、行为日志和资讯信息。用户属性（职业、年龄、兴趣、性别）构成用户文件，供在线信息推荐时采集。资讯信息指图书馆发布的诸如图书借阅榜topN、数据库查询的高频资源等信息，通过内容分析引擎，挖掘出一段时间内图书馆的热点信息资源。行为日志表现为用户的浏览记录文件，通过对用户浏览记录的关联分析，得出信息的关联规则。通过协同过滤算法计算出相似用户，由于相似用户与目标用户有相近的兴趣爱好，对相似用户的分析有助于目标用户信息的精准推荐。在线部分是在离线部分的基础上运作的，参照离线部分建立的知识库对不同用户的查询请求，均实时且准确地将检索结果推送给用户。在线部分直接服务于用户，最终影响服务效果，因此是关键环节。模型运作的具体过程为：图书馆服务器接收到用户的查询请求后，推荐系统先获取用户的个人文件，分析用户的专业兴趣等，生成一个初步结果集，然后将该结果集与离线部分的"热点信息""关联规则"和"相似用户的偏好集"结合，并过滤去重，在图书馆资源中进行匹配查询，然后将查询结果推送给用户。

第三节　基于大数据及云计算的信息服务创新

一、大数据时代图书馆信息服务发展趋势及策略

图书馆只有抓住了大数据带来的机遇，灵活运用大数据技术为图书馆信息服务系统服务是其能发展的根本所在。同时，如何运用大数据技术调整服务定位，为读者提供更好的服务，并提升图书馆的综合竞争力，逐渐成为图书馆界关注的焦点。

（一）大数据背景下图书馆信息服务发展趋势

1. 信息服务向智能化方向发展

大数据背景下图书馆信息服务需要处理大量数据，只有把信息服务向智能化方向发展，才能更好地满足用户的使用需求，因此，信息服务向智能化方向发展就成为图书馆的发展趋势之一。

一是图书馆要对用户的数据信息进行自动化的采集与处理，在此基础上来自动分析与评估用户的需求。图书馆信息系统要能掌握用户的信息服务动向，能够自动整理和分析用户所需要的有用信息，从而发现用户的信息服务规律，为改进图书馆的信息服务内容和图书馆建设提供参考依据。

二是提高信息服务的时效性。加强图书馆信息服务的智能化建设，才能实时掌握用户的信息服务需求，从用户的信息需求数据中发现有价值的信息，或用户的潜在需求，这样才能提高信息服务的时效性与针对性。

三是能为读者提供信息问题的解决方案。在当今网络应用非常普遍，以及人们获取信息非常方便的条件下，读者所关心的不是如何才能获取信息，而是更多地关心如何从少量信息中找到信息问题的解决方案或解决策略。大数据的运用，能让读者对需要的信息反复查找与分析，能较好地为读者提供信息问题的解决方案，从而满足读者更高的要求。

2. 信息服务向个性化方向发展

随着用户信息需求的多样化发展，要求图书馆能为读者提供个性化的信息服务，以更好地满足读者的个性化阅读需求，因此，大数据背景下的图书馆信息服务要向个性化方向发展。

（1）建立个性化搜索引擎

虽然目前读者广泛应用的搜索引擎有百度、Google 等，但是为了更好地满足读者的个性化信息服务需求，应建立个性化的搜索与发现系统，需要建立智能化、可订制的图书馆网站内部的云搜索服务功能，以更好地根据读者的借阅信息或浏览记录为读者提供更加全面的服务。云搜索是指可订制的、智能的站内搜索，其核心价值就是要保证所有的资源利用者能够根据自己的信息数据需求找到合适的信息，从而提高用户满意度。

（2）建立个性化服务系统

要实现对用户的个性化服务，需要图书馆建立用户个性化服务系统，要在建设数字化图书资源的同时，更加重视对用户图书信息个性化服务需求的建设。要充分利用大数据的作用来分析用户阅读需求，对用户进行定期服务跟踪，充分掌握用户的信息服务需求，这样才能为用户提供精准的信息服务、订制信息服务和信息推送服务。为此，图书馆的信息系统要能做到有效挖掘用户的有价值信息，充分运用信息技术手段来对读者的图书借阅与检索种类、用户在借阅或阅读中的相关行为信息进行全面分析，这样既能提高对用户的个性化信息服务水平，又能为图书馆准确购买图书、文献资料提供决策依据。

3. 信息服务向微媒体方向发展

（1）微媒体在图书馆信息服务中的运用具有多种优势

随着微信、微博等微媒体的普及与广泛应用，图书馆要能为读者提供更多的微媒体信息服务，以更好地提供方便、实时的图书信息服务。微媒体在图书馆信息服务中的运用具有多种优势，使用运行成本非常低，只需要消费一些网络流量就可以，随着上网费用的降低和免费 Wi-Fi 的使用，其成本可以忽略不计。它的使用不受地域的限制，利用率比较高，用户只要利用智能手机就能非常方便地了解和掌握图书馆的信息，既能节约读者的时间，又能提高图书馆的工作效率，还能及时为读者反馈多种信息，更好地满足读者的服务需求。

（2）微媒体的运用为图书馆提供新的发展机遇

微媒体在图书馆信息服务中的应用为图书馆的信息服务提供了新契机，进一步增强了图书馆信息化服务的能力，向用户订制化方向发展。例如上海图书馆开通了微博服务，既可开展线上活动，又可在线下运用微博进行线上推广服务；再如国内多家图书馆开通了微信服务，由于微信服务是建立在微信公众号平台之上，这样，读者通过网络、手机设备就和图书馆建立了联系。微信公众号又分为服务号与订阅号两种。服务号除了为读者提供信息服务，还可以申请自定义菜单，能够群发信息，有信息提醒、服务反馈等功能；订阅号则可以为读者提供多种图书和文献信息，极大地方便了用户图书信息查询活动。

4. 信息服务向安全性方向发展

由于大数据背景下的图书馆信息服务的重点体现在以大数据为中心的服务上，而且图书馆的信息服务需要更多地运用互联网，只有保证数据的安全才能为读者提供更好的服务。而在互联网中黑客、病毒的威胁却无处不在，为了保障用户信息、图书馆信息的安全，图书馆需要加大对网络信息安全的防范与保障，建立具有对多种信息安全因素的实时分析与防范功能，并且对黑客、病毒的防范数据要保持实时更新，这样才能保障用户信息和图书馆信息的安全，从而为用户提供安全、可靠的信息服务。因此，为用户提供信息安全保障，是基于大数据、云计算背景下的图书馆信息服务的重要发展方向。

总之，随着大数据、云计算等信息技术在图书馆信息服务中的应用，对图书馆的信息服务的发展提出了新的要求，各图书馆应加强对读者信息服务内容与方法的创新研究，充分利用大数据、云计算和多种新型媒体的优势，以便为读者提供更便捷、更全面、更高效的服务。

（二）大数据背景下图书馆信息服务策略

1. 加强对数据信息的重视

一方面，大数据时代下图书馆服务创新发展的核心竞争力不仅是对信息资源的争夺，而且需要提高图书馆信息资源的整体利用率和利用水平，加强对图书馆资源的丰富和完善。为此，需要图书馆有关管理人员在思想认识上重视图书馆信息服务发展建设，调动一切因素加强对各种信息资源的收集和整理，将各种各样的有效信息融入图书馆资源建设发展中，从而为图书馆吸引更多的读者和用户。另一方面，大量的数据信息也是图书馆做出创新服务决策的重要依据，这种数据信息具有很强的现实参考价值，图书馆管理人员在获得这些数据后，通过数据分析能够了解用户的多种信息，从而完善图书馆信息服务建设。

2. 借阅服务

传统借阅服务会使读者花费大量的时间和精力来查找自己感兴趣的图书，影响读者的借阅体验。而图书馆对于读者的阅读习惯及偏好缺乏了解，无法对读者的阅读习惯及偏好进行分析，以至于服务缺乏主动性及个性化。而在服务中应用大数据技术，图书馆工作人员根据读者大量的借阅数据，分析出该读者近段时间的借阅焦点，从而可以在馆藏资源中找出其焦点范围内的文献并主动推荐给读者，同时，将与该文献相关的资料，如书评、作者简介等内容一起推荐给读者，以节约其查找图书的时间，提升读者的借阅体验。

3. 读者咨询服务

传统读者咨询不仅受工作时间的限制，而且由于每过一段时间，咨询的重心会发生变化，因此，即使将一些常见的解决方案放在网站上，也可能会出现读者找不到自己需要的解决方案。但在服务中应用大数据技术，图书馆工作人员就可以从读者近段时间所咨询的大量问题中找出共性多，且询问频率高的问题，从而找到近段时间的咨询焦点，制订出有针对性的解决方案。这样，通过微信公众号中的自动应答功能，便能在咨询馆员的非工作时间找到相应的解决方案来为读者提供服务。

4. 加强数字资源整合和宣传

随着数字资源的增加，科研人员对数字资源的了解和获取还存在着一定的障碍，进而影响了资源的利用率，造成资源和成本的浪费。以线上数据库"维普"为例，由于宣传不到位，统计结果表明，文献阅读量和下载量远低于知网、万方，直接影响了系统的采购和建设。因此，数字资源的宣传也是数字文献资源建设的重要部分。一方面，对现有资源进行宣传，通过讲座、培训等方式将资源推送到科研人员面前，向其介绍数字资源涵盖的学科、类型、收录情况和使用方式等；另一方面，将数据库作为长期项目来做，随时检查运行情况，及时补充和更新，使数字文献资源有序化、深层化、特色化，为科研人员提供一站式检索和获取、发现系统，提供更为便捷的使用体验。

5. 加强图书馆和读者双向互动

一方面，读者可以根据图书馆主页推出的服务项目进行个性化订制；另一方面，图书馆根据读者的订制需求，实时采集读者需求动态，确保服务系统可依据用户需求变化快速做出反应，为每位读者量体裁衣。为保证采集到低成本、高可用性的数据，图书馆应对个体读者进行全方位、不间断的全程数据跟踪。通过构建长期行为跟踪模型，达到真正全方位掌握读者阅读需求及动态变化趋势的目的，最终提高图书馆用户个性化服务的效率和读者阅读满意度。

6. 提高自身素质和馆员大数据能力

大数据背景下，图书管理人员的综合素质能力直接影响图书馆信息服务工作水平，也影响图书馆的现代化、智能化发展。一方面，图书馆要重视馆员创新能力、领悟能力和实践能力的提高，为馆员提供各种大数据专题培训，学习大数据分析方法，提高馆员的信息挖掘和分析能力；另一方面，馆员也应加强自身基础能力的训练，包括计算机技术、数据库知识、数据统计、数据检索等相关知识的学习，发挥特长，为用户提供更准确、更快捷的信息服务。

总之，图书馆必须与时俱进，落实国家的大数据战略，转变战略观念，创新服务模式，深度挖掘用户需求，为用户及时推送有价值的、精准的、个性化的信息服务。同时，注重馆员素质的提高，通过提高图书馆的信息服务水平，促进图书馆良好发展。

二、云计算在数字图书馆信息服务中的应用

自20世纪90年代以来，随着互联网技术和信息资源网络化的迅猛发展，以及知识经济的兴盛，读者对图书馆的需求也发生了翻天覆地的变化，传统的以提供纸本资源为主的信息服务模式已经不能完全满足读者的需求，数字化的非纸质信息资源会逐渐取代传统的、以文献为载体的文献型信息资源。近年来云计算技术的盛行，为图书馆的发展带来了机遇，促进了图书馆信息服务的拓展和创新。

（一）云计算的概念

"云"其实是一种比喻的说法，来源于量子物理中的电子云，说明了云计算是一个无所不在、可以无限扩展的计算模式。云计算是一种基于互联网的商业计算模型，通过互联网可以获得动态、海量、虚拟化的资源。云计算是网格计算、分布式计算、并行计算、效用计算、网络存储、虚拟化、负载均衡等传统计算机技术和网络技术进一步发展与形成的商业产物。云计算的基本原理是：使庞大的计算任务分布在大量分布式计算机构成的资源池上，而不再需要个人计算机、手机等终端设备承担程序运行的重任，只须通过终端连接到网络，用户就像使用网络浏览器一样方便、简单地获得所需服务。这就可以根据用户的需求将资源切换到需要的应用上，再进一步访问存储系统和计算机。打个简单的比方：这就好比是从古老的单台发电机模式转向了电厂集中供电的模式，所以，云计算通过互联网进行传输的这种计算能力可以像煤气、水电一样作为一种商品进行流通，按需使用，按使用量计费，费用低廉。云计算对计算机的软硬件要求不高，在云计算时代，我们可以用笔记本、手机等终端设备通过互联网来实现我们需要的一切服务。利用云计算的超级计算能力把力量联合起来，供需要它的用户使用，最终用户才是云计算的真正拥有者。

（二）云计算的特征

1. 超大规模

"云"是由计算机集群组成的，这也就决定了它具有无可比拟的规模特点，如谷歌的云计算平台具有上百万台的服务器，而亚马逊、雅虎、微软、IBM都有10万台以上的服务器，"云"就像现实生活天空中的云一样，遍布地球，并且规

模极其庞大。

2. 虚拟化

"云"通过互联网链接用户，用户无须去特别的位置获取所需要的资源，只要使用自我的移动终端就可以获取所需求的信息。实际上，用户在发出信息需求的同时，并不知道云的实际位置，而云的实际位置也是不确定的，它可能在某一任意计算机中处理用户信息，用户只需要通过终端链接就可以完成自己想要的一切，这一过程具有很强的虚拟性。

3. 高可靠性

"云"提供的服务是由计算机集群所完成的，在单一或者多个计算机出现问题的时候，其他云端的计算机会及时响应，并完成用户需求，这种高容错率和高效率的服务模式相比传统计算服务可靠性更强。

4. 通用性和扩展性

"云"计算提供的应用服务并不是单一的，云之间相互交替，互换共享应用，用户在检索信息资源的时候不会出现传统的检索问题，如获取不同应用时需要切换检索界面等。"云"实现的一站式检索大大地满足了用户的信息需求，同时也降低了服务器的负荷。

5. 按需服务与廉价

"云"计算是一个按需获取的计算模式，用户可以量入为出，就像普通的商品购买一样，用户对计算有什么样的需求就付什么样的费用，其费用高低只跟你使用时间长短有关，并且，由于云计算的自动化特点，云计算供应商无须对"云"过多管理与维护，这也为供应商节约了成本，无形中就降低了用户的使用费用，使得云计算具有价廉的特点。

（三）基于云计算的数字图书馆信息服务优化策略

信息技术的革新带动图书馆管理模式和数据平台的进步，对图书馆的日常运作产生很大的影响。云计算技术能够从各个方面给图书馆的运作带来改变，同时，技术支持又能够解决图书馆日常工作和数据处理等方面面临的问题。可以预见，随着云计算的普及和信息技术的不断进步，会有越来越多的图书馆开始用云计算取代以往落后的设备，提高数字图书馆信息服务质量。具体优化策略如下。

1. 削减建设成本，提升用户体验

对数字图书馆而言，应该将更多的精力投入云计算技术的进步上，紧跟数字时代的浪潮，并对这种技术有适当的接触，通过学习和比对，选出最适合自身发展的云计算技术，并与数字图书馆的日常建设相结合，如管理体系设立或基础设施建设。首先在资金投入上一定要合理分配，盲目增强计算机等硬件设备的投入是不能直截了当地提高数字图书馆信息服务能力的，没有合适的软件做支撑，即便再先进的设备也无用武之地。数字图书馆应当因地制宜，加强馆内环境改善建设，诸如基础设施的更新与换代，服务人员素质的提高，同时将更多的资金花在云计算的引入上来，培训一大批先进的馆内人才，通过他们发展数字图书馆云计算技术，为用户提供更好的信息资源服务。但这只是针对单一数字图书馆，毕竟单个数字图书馆能力有限，如何有效规划投入成本都无法完美解决当下信息资源飞速增长的问题，数字图书馆建设还是离不开馆间的互相帮助。

（1）加强馆际联合，资源共享

我们都知道，云图书馆有大、中、小不同的类别，小型的云图书馆基本能满足本馆读者需求而专门设立对应的服务器集群；中型的云图书馆服务于本地或小区域范围的资源共享内容，由若干小型类别的云图书馆组合而成；而大型的云图书馆具有整合功能大、范围远的特征，由若干高端的服务器集群而成。总的来说，云图书馆的不同类别馆可以多元、全面地提供各种服务项目，完全可以进行跨地域信息储备和记录，同时也可以把资源对集群中的分馆成员进行共享。如果我们将大、中、小型云数字图书馆整合，进行资源分享，可以在很大限度上避免信息冗余和重复建设问题，小型图书馆因此可以节约一大批资源购买资金，在存储设备上也可以不必进行多余的买入，三种图书馆的资源覆盖率都会得到提高，其辐射的地区消费者也会得到更广泛挖掘，这不仅可以大大节约建设成本，更能为图书馆共建共享文献信息资源提供统一平台。

（2）加强数字图书馆信息可用性

在互联网的范围内自由对信息资源进行组合和传输，并满足使用者的信息需求，这将会产生更多潜在的消费群体，越来越多的群体会因为数字图书馆的可用性强而乐于使用数字图书馆。

①受众面广大和全方位。

使用数字化图书馆的受众面比较广，使用对象来自不同行业和不同群体。这

比现实中的传统图书馆，在面对面、单一受众上范围更大。在服务内容上更加丰富和便捷。特别是利用了云计算在进行数字化图书馆的享受过程中，可以快速检索到使用者的相关身份信息，节约了时间成本。另外，只须安装与之对应的服务APP或下载系统配套的搜索引擎，便可满足不同使用群体的个性化需求。

②信息资源选择多。

传统图书馆和传统的数字图书馆自身在服务过程中会受到来自时间和空间上不同程度的制约。许多纸质的书籍文献需要到图书馆才能借阅。一些数字图书网站的创立，操作方式的固定化，使用对象的电子资源需要通过指定的电子图书馆下载后才能共享，极大地增加了系统的内存容量和时间成本。云时代的数字图书馆信息服务功能全，资源选择多。网络服务是主要的消费渠道，只要安装了云服务集群配置和配套的APP，无须对任何的信息资源数据进行解压和分解，就可以自动保存使用对象所需的数据资源和文本信息，高效性和及时性尤为凸显。

③使用目的多样化。

传统图书馆的受众群一般是专业化的学习人士或流动的个体用户，相比而言，生活中的受众群体不大，无法满足用户多样化的需求服务。而数字图书馆利用互联网进行资源收集和分享，使用的目的呈现多样化趋势，人们可以在线学习和培训、寻找同城娱乐伙伴、自由了解时政热点、下载各种功能软件等。信息来源多元化也能促进科学研究自动化。可以说，在满足个体化需求和使用目的多样化选择上，数字图书馆可以根据自身优势，对资源合理配置和分类，为使用者带来更多的惊喜和收获。

2. 加强信息资源整合与共享，提供全面化信息服务内容

对数字图书馆的未来发展趋势而言，通过整合信息资源，降低基础设施的构建难度，简化管理程序，提高运作管理的效率，削减运作成本是数字图书馆的核心任务，以此战略目标为导向建立合适的发展方针，能够确保数字图书馆在未来的建设中更好地应对运作风险，并谋求更长远的发展。云计算技术和数据库技术的支持，能够对数字图书馆大量离散的信息资源进行整合，并储存在相应的虚拟服务器中，便于用户的共享和使用。而在信息整合的过程中，又能够加快数据的相互传递和业务之间的交叉运作，形成规范化的数据体系，借此完善图书馆的信息平台，提高信息服务的质量。同时能够更好地整合网络资源，并对相应的数据及时处理，极大地提高了数据中心的工作效率。数字图书馆在完善基本构架的过程中，会逐渐建立起一个规范的信息平台用于信息的共享和使用，将图书馆的信息服务与资源共享紧密地结合在一起，实现一个大规模资源合并，并借助云计算技术传递这些资源集合，使用户能享受最完善的信息服务体系。

首先，打造全面的信息需求。时代在发展，使用对象对于信息的需求也不断扩大。互联网可以促进信息传递的快捷性，从而激发不同层次的消费群体对于潜在的信息的挖掘，因此，使用对象对数字图书馆的使用和期待呈现了不断增长的态势。网络世界信息繁杂和庞大的数据库对不同领域的信息需求量更多，这就需要打造全面化的信息服务系统，及时跟踪个体的信息服务动态和回馈，保证信息资源的最大化传递和分享。

其次，"云"提供丰富多样的信息内容。固定的、专业化的学术信息研究和理论知识难以适应使用对象对于多元内容的需要。在社会信息化日益发展的现今，使用对象对于综合性信息的挖掘更为深入。例如系统的思维知识架构、丰富的文体素养、高端的生活品质等精细化的内容追求，对于信息载体除了要沿用传统的图文印刷文献和实物呈现，更需要植入具有直观性和整体性的多媒体信息，生动而便于理解。

再次，数字图书馆信息资源的定位提高。互联网的信息储存容量大、范围广、内容多，因此，难以满足个性化的用户对象对信息的快速浏览和具体检索的需要。数字图书馆可以说是个专业的信息服务软件，可以根据用户的具体需求进行有针对性的搜索和整理，筛选掉无用的原始信息，进行自动化的再加工，最后将信息类型合并，综合集成并完美呈现，极大地促进了图书馆对于信息资源的有效定位。

最后，有助于附加信息产业的建设。在云计算时代，信息流动性大，具有独立性。它可以有效整合相关的生产要素进行完善和调整。信息化时代可以提高信息资源的利用率，从而减小产品在生产和材料上的经济成本投入，增加资源的附加值。换句话说，在某种程度上网络信息资源优于商品的生产资源。整体而言，使用对象利用数字图书馆对信息获取的目的不仅是完成简单、基本的查阅和检索，更多的是辐射到其他领域的系列信息，也就是说，是借助数字图书馆平台来提供其他信息产业的知识，因此，云图书馆的信息服务不仅能够作用于其自身，也是整个社会信息产业的有效助力者。

3. 构建新的用户与系统交互界面，满足用户个性化需求

（1）基于云计算的数字图书信息服务系统设计

根据前面所提到的数字图书馆信息服务基本模式与云计算的基本模式，我们知道，要构建一个基于云计算的数字图书馆信息服务用户界面，其最基本的是要满足用户检索需求，用户个人信息保存需求，用户个性化需求，与其相辅相成的、有基本的数据库系统和数字图书馆管理系统，那么，用户系统、管理系统、数据库系统，是组成数字图书馆信息服务的整体三大内容，用来平衡使用对象和后台操作管理人员利用数据库系统信息资源进行资源计算转换和资源共享。用户系统中每个独立运行的模块内容之间是相互作用、相互补充的，能够更好地进行资源的优化配置和空间的合理开发。构成用户系统功能的五大模块分别包括：基本信息资料管理与维护、个性化需求的专门订制、资源信息的浏览与查阅、文件信息的储存文档、信息回馈箱的设置。其他系统也能辅助信息服务系统的正常运行。下面只介绍用户系统主要结构的功能内容。

①基本信息资料的管理和维护。

通过绘制表格将使用对象的基本信息进行储存，如登录名、真实名、生日、学历水平、职业等简单信息的登记，主要目的是建立使用对象与服务系统之间建构平等对接平台。为了保证初次使用对象所填写信息的安全性，会签订具有法律效力的个人隐私权协议。使用对象可以根据自己的需要自主选择信息的更改与管理。系统也会同步及时更新数据和动态，从而保证个性化信息服务系统的高效服务。

②个性化信息需求的专门订制。

每个使用对象都拥有常规的服务功能，针对不同层次的消费群体系统会自动生成满足使用对象的特殊需求和具有专门的个性化服务选择。使用云平台进行个性化服务系统的组建，可以最大限度地促成系统运算资源的高效利用。个性化需求的专门订制主要有两大内容：一个是使用订制，指的是使用对象可以自由组合图文、调节明暗光度、多变的布局排列等；另一个是服务订制，指的是个性化服务主题和内容的订制。系统会将数据字码进行整合、归类，满足不同阶段的使用对象的服务资源呈现。可以按照不同的数据资源和服务内容进行标准化分类，用户可以自由地根据这些功能选择心仪的选项整合搭配并形成菜单订制。另外，使用对象可以结合自身的实际情况来调整或建立特色风格的菜单模式，这种个性化功能服务的订制适用于学生群体、办公人群，甚至生活中的每个人。

③资源信息的浏览与查阅。

使用对象除了可以根据数据检索方式对馆藏文献资料进行查阅，还可以利用数字资源进行自动化的浏览和信息筛选。系统可以根据使用对象的描述进行个性化数据模型对接，筛选出有针对性的内容信息。这些资源的全面划分和有序呈现可以同时满足不同群体，一旦使用对象无法匹配出对应的信息，可以结合高级的其他云端再次查阅需求的资源信息，内容辐射面将会更广。

④文件夹的储存和保存。

为了方便使用对象对信息资源的有效管理，特设了文件夹的收藏功能，可以把自己检索到的相关文章、链接复制和常见的检索项进行整理和储存。其中最大的特色就是建立文档空间，使用对象可以进行在线编辑文档，对获取到的各种信息资源及时再次精加工。只要登录更换终端和具体定位就可以便捷地进行文档修改和润色。

⑤信息回馈箱的设置。

这是服务系统为了方便对使用对象的管理而设置的服务功能，主要是以邮件收发的方式来定期提醒个性化专门订制的详细进展情况，同时，"管家"也会在邮箱中针对使用对象遇到的不同主题内容或特殊情况进行答疑和回复。所有的信息回馈都有存档记录。可以说，系统为使用对象和"管家"提供了平等的交流平台，可以根据具体问题来改善功能配置，甚至还可以申请在菜单添加新内容。使用的数字资源信息及时反馈可以保证系统与用户的良好互动，更能满足用户信息需求。

（2）用户系统主动推送的服务模式

用户不仅可以自主地发出信息需求，系统本身也可以主动进行信息推送。其作用主要是为了增强系统与用户的交互性，使用户在使用过程中能够更直观地感受系统的服务作用，而不是自己在做单一的信息诉求，这能更好地提升用户对服务的满意度。用户系统主动推送模式包括以下四个方面的内容。

一是登录注册并提交信息。包括基本的使用对象信息填写和需要个性化订制的主题、内容、推送时长等。

二是"云"中的"推送服务代理"。服务系统会自动筛选与之匹配的各种数据特征对应的信息，分析使用对象的心理需求并录入自己的数据库中，方便下次继续记录并比较。

三是本"云"和其他"云"的合作。由于主动推送的内容需求更加精细和完善，系统在本"云"中找不到符合的信息就会辐射到其他云端进行匹配，并相互记录方便下次推送。

四是智能化回馈。使用对象一旦登录到"云"，系统就可以在用户信箱中收到系统主动推送的信息内容，其是根据用户的检索习惯与长期需求甄选出的精准信息，能够对应用户的需求。

4. 数字图书馆信息安全存储推进手段

对数字图书馆的发展而言，信息安全是无法避开的一个话题，它同样也备受用户的关注。云计算技术让用户可以将数据信息存储于云端数据库中，以便随时共享，这就很好地规避了传统数字图书馆硬盘损毁所带来的数据风险，但是由于网络的不确定性和风险性，往往当服务器产生问题时，云服务商自身出现严重安全问题时，用户信息就会发生外泄，信息的安全性得不到最基本的保障。而一旦一些重要的个人数据或者信息在网络平台中被人窃取或者发生缺失，对数字图书馆的发展会带来极大的负面影响。由此我们可以看出，云计算技术虽然便捷、高效，但是归根到底安全性仍然需要放在首位，这是推进数字图书馆必不可少的要素。

（1）建立云安全平台

数字图书馆其实就是云服务的一个中间商，所以，我们可以联合众多数字图书馆成立一个数字图书馆云联盟，通过联盟进行信息传递，同时公开信息服务，实现业务的透明化。但是网络体系存在太多的不确定性和风险性，因而，联盟平台的建立需要依托安全管理的支持。可以通过本地服务平台或者安全产品，为数据平台建立一套合规、合法、合适的信息防护屏障，保障用户在使用的过程中，不发生信息外泄或缺漏的情况。同时，借助这种安全预防技术，用户不需要浪费时间在电脑上保存病毒库信息，仅仅需要通过进入云计算数据平台，借助其中的信息处理技术，在很短的时间内就可以判断文件的安全性，这种技术不需要高配置的计算机作为基础，可以削减硬件成本，同时与网络安全软件共同使用又能够起到很好的防护作用，抵御网络风险，保障客户信息安全，让客户安心地使用数字图书馆的云服务。

（2）制定完善的资源保障体系

对于以云计算为核心的数字图书馆进行架构建设的时候，有关部门需要从很多方面实现运作的统一，在明确信息共享权限的同时，保障图书馆体系运作的高效，其中针对数据中心可使用的资源、信息使用权限、使用有效期限，甚至是用户身份认证等方面，都需要制定统一的服务标准进行规范，避免用户在使用过程中因为信息分配不均而产生的纠纷。数字图书馆的建设一方面离不开云计算的技术支持；另一方面也离不开安全管理的保障，因此，有关部门在完善服务模式的过程中，要同时考虑技术层面和安全层面的问题。云计算的技术基础是数据库平台，用户的信息和相关数据资源都会被存储在数据库中，便于资源的分配和共享。建立数据库的好处在于，监管者能够更快捷地进行监督和审核，避免了对分散资源监察所可能产生的缺漏。用户需要凭借身份认证进入信息平台。但是这种方式仍然不能完全保障数据库的安全，有关部门需要建立一个更完善的认证系统，一方面要以最快的速度识别客户身份，同时降低可能的识别错误率；另一方面要从根本上保障信息的安全，加强数据库安全建设，让用户更加安心，避免数据的缺失和外泄。这是对用户信息安全的保障，也可以保护用户的信息权及数据所有权。

第五章 公共图书馆的移动阅读服务创新

第一节 移动图书馆阅读服务理论

一、移动图书馆的主要特征

与传统的图书馆相比，建立在移动互联网技术上的移动图书馆有其自身的独特之处。移动图书馆不仅具有数字图书馆的一般特征，而且具有可移动的特征，同时还具有实时性、便捷性等新的特征。

（一）移动性特征

与传统的图书馆不同，移动图书馆最重要的特征就是具有移动性。用户能够利用移动设备随时随地接收关于图书逾期、讲座通知、预约信息及个性化订制信息等，也可在户外通过移动互联网随时查询所需要的图书资源。用户还可以通过移动终端设备来下载电子书刊进行随身阅读，并对图书馆、网络出版商等提供的电子资源进行在线浏览与检索。移动图书馆的移动性特征，可以帮助用户充分利用碎片化时间进行移动阅读。此外，用户还能通过各种移动设备，利用移动图书馆进行实时查询和检索，节省了用户的时间，方便了用户随时获取需要的信息，同时也提高了用户获取信息的效率。移动性特征使图书馆的服务方式发生了重大的改变，从而让移动图书馆有了更为广阔的发展空间。

（二）实时性特征

实时性特征体现在用户能够在第一时间接收到图书馆发出的借阅到期提醒、讲座信息、新闻通知等即时信息，同时，用户也能够及时查询并获取到需要的相关信息。移动图书馆利用移动通信技术将移动互联网和图书馆完美地结合起来。

移动图书馆服务平台可以随时将传统图书馆服务提供给用户，使得任何人、在任何时间都可以通过移动终端设备获得图书馆的信息与服务。在移动互联网环境下，移动图书馆可以实现全天24小时不间断服务；同时，移动图书馆可以随时为用户提供信息查询、信息提醒、信息下载、信息推送及自动回复等服务。移动图书馆能够为用户提供一种全方位的实时服务，用户通过移动图书馆可以即时获得所需要的信息。移动图书馆的实时性特征，能够为用户提供更及时、更高效的图书馆服务。

（三）便捷性特征

便捷性是移动图书馆具有的重要特征，移动图书馆能为用户提供方便、快捷的图书馆服务。由于手机、iPad等移动设备具有重量轻、体积小等特点，便于用户携带，因此用户不用受所处的地理位置、天气情况等因素的影响，可以随时、随地访问移动图书馆的资源。尽管移动设备没有台式电脑所具有的强大的处理功能，但它的处理器已经足够胜任网络信息浏览的重任，加之其可触摸的屏幕、小巧的外观和便于携带等特点，使得移动设备使用起来更加方便。随着移动通信技术的发展，移动数据的传输速率在大幅提高，移动设备的性能在不断增强，同时移动图书馆的功能也在不断丰富，移动图书馆能为广大用户提供更加便捷的服务。

（四）主动性特征

传统的图书馆服务，大多是根据用户需求被动地为其提供信息服务，而移动图书馆与之不同，可以为用户提供积极、主动的服务。移动图书馆可以通过用户提供的资料和兴趣文档，构建用户模型，根据用户的需求为用户提供主动服务。移动图书馆以满足用户信息需求为目标，针对用户的需求规律和特点，主动与用户沟通；移动图书馆利用数据库、馆藏资源及网络信息资源进行信息收集、加工和整理，以文摘、书目或全文的形式主动向用户提供信息服务。此外，移动图书馆还可以根据用户的需求，将与用户需求密切的资源进行有效的整合，主动地推送给用户；或者根据用户所处的时间或地点情境，主动为用户提供需要的信息。

（五）个性化特征

移动图书馆能根据不同用户的信息提供个性化的服务，因此，个性化特征是移动图书馆的一个主要特征。移动图书馆为用户提供了一个全新的信息服务平台，使图书馆可以全天候、全方位地为每位用户服务，并且能够根据每位用户的需求提供不同的个性化服务。例如移动图书馆可从用户的访问信息或构建的用户模型中挖掘用户的需求和兴趣，为用户推荐感兴趣的书籍或专题信息；移动图书馆还可以从用户历史检索行为中挖掘用户的兴趣点，从而为用户提供个性化的服务。移动图书馆的个性化服务需要根据用户的不同需求开展有针对性的服务。有些用户对信息服务的要求较高，需要的是专业性较强的个性化服务，为保证服务质量，移动图书馆对信息资源的开发不能够仅停留在书目开发和资源整合上，而是需要进行深层次的信息挖掘，如通过知识挖掘研究用户的专业性信息需求，并自动实现用户的个性化配置，为用户提供高质量的信息资源。

（六）互动性特征

互动性也是移动图书馆具有的重要特征之一，在移动互联网时代，新一代移动通信技术具有人网互动的功能，移动图书馆可以通过移动互联网与用户进行相互沟通和交流，及时为用户提供需要的信息服务。相对于传统的"图书馆→读者"的单向服务模式，移动图书馆的互动性更强调"图书馆←→用户"的双向交流，注重用户的体验和参与。移动图书馆具有的互动性特征，为广大用户提供了参与图书馆资源建设和服务的途径，从而增强了移动图书馆的可用性和实用性。实现移动图书馆与用户的双向交流与互动，体现了系统设计中以用户为中心的理念，也是移动图书馆研究发展领域追求的目标之一。同时，社交网络理论和Lib 2.0理论的兴起及相关技术的发展，也为移动图书馆的互动性发展提供了理论基础和技术支持。

综上所述，移动图书馆不仅具有移动性、实时性和主动性的特征，而且还具有互动性和个性化等特征，它是移动互联网时代图书馆信息服务的有效延伸与补充。移动互联网的发展，促成了移动图书馆服务方式的产生，而基于移动互联网的移动阅读，也逐渐成为一种新的生活方式。如今，移动图书馆为信息社会中快节奏生活的人们提供了一种灵活、便捷的阅读和学习方式。随着手机等移动设备用户数量的迅速增长，移动图书馆的应用前景会更加广泛；同时，移动图书馆服务对信息社会的发展也具有重要的意义，它必将成为未来图书馆的重要服务方式。

二、移动图书馆的服务方式

（一）短信服务方式

短信服务（Short Message Service, SMS），是最常见的移动图书馆服务方式。它主要是通过手机短信的方式为用户提供移动图书馆服务，实现图书到期提醒、讲座通知、新书通报及图书续借等服务。由于早期的移动通信技术主要是以短信服务为主，移动图书馆的建设也是从手机短信开始的，因此移动图书馆短信服务相对比较成熟，至今仍被众多的图书馆延续使用。

如今，国内的移动图书馆大多是针对手机开展的短信提醒服务，而其他类的短信服务较少。而国外移动图书馆的短信服务，主要是短信提醒服务和短信咨询服务，短信提醒服务是由移动图书馆系统自动生成，能快速地为用户提供图书催还、新闻通告等信息；短信咨询服务是以短信形式发送咨询问题并以同样的方式接收回复的服务，短信咨询已经成为用户与参考咨询馆员进行问题互动的良好平台。

在移动图书馆的所有短信服务中，借阅到期提醒服务最为常用，并且短信提醒比邮件提醒更为方便。此外，短信预约和短信续借等服务也比较受欢迎，并且对于上网不方便的用户来说，短信查询的需求也仍然存在。从国内外移动图书馆的服务方式来看，短信服务仍然是目前流行的移动图书馆服务方式。

目前由于手机的普及率高，用户群比较广泛，因此短信服务具有普遍性、实用性和灵活性等特点。同时，移动图书馆的短信服务可以利用移动通信基础运营商的终端设备及图书馆已有的图书管理系统，并且具有结构简单、交互方便、成本低廉、稳定性好和扩展性好等优点，因此，移动图书馆的短信服务为用户带来了很多的便利。但与此同时，移动图书馆的短信服务也存在一些不足，例如短信服务的格式比较简单，一般只支持文本类型的信息；同时由于短信的长度有限，较难实现复杂信息的检索，在业务量较多时，可能会因无线通道的阻塞而影响传送或业务失败；此外，接受短信服务的用户主要是被动地接受信息，缺乏双向交流，因此很多用户的反馈不够及时，并且用户隐私信息保密机制也不够完善。尽管如此，短信服务仍然是移动图书馆使用最为广泛的服务方式。

（二）WAP 服务方式

无线应用协议（Wireless Application Protocol, WAP），它是一种全球统一的开放协议，主要是面向移动终端提供互联网内容和增值服务，是简化的无线 Internet 协议。WAP 使移动互联网有一个通行的标准，其目标是将互联网丰富的信息和先进的业务引入移动终端。图书馆采用 WAP 网站方式，可以为用户提供更丰富的移动图书馆服务，如移动馆藏目录检索、个人借阅信息查询、在线移动阅读等。

与移动图书馆的短信服务相比，WAP 网站服务方式具有独特的优势，能够弥补短信服务的不足之处。例如用户可以随时通过移动设备登录移动图书馆的 WAP 网站，对个人借阅信息进行查询，了解图书馆的最新通知，对移动馆藏目录进行检索，对图书进行预约和续借等。移动图书馆 WAP 网站的实现，只须遵循一定的设计标准即可。并且，移动图书馆 WAP 网站具有界面简单、功能简约、操作便捷等特点，因此越来越多的移动图书馆采用 WAP 网站的服务方式。此外，WAP 在多媒体信息服务、数据同步、统一存储接口等方面的表现也比较出色。移动图书馆的 WAP 网站服务能为用户提供多元化的信息产品，满足用户个性化服务需求，实现与用户的实时在线互动。

目前，WAP 是使用比较多的移动终端访问互联网的方式。从技术的角度看，WAP 系统主要由 WAP 终端、WAP 网关及 WAP 内容服务器三部分组成，其使用的语言是无线标记语言（Wireless Markup Language, WML），这种语言是扩展标记语言（Extension Markup Language, XML）的子集，可用来支持各种文字及图像等数据的显示。WAP 服务的系统结构比较灵活和开放，WML 语言可以支持更具交互性的服务界面的开发。

同时，WAP 是专门为小屏幕、窄带宽、高延时、有限存储容量和较低处理能力的无线环境而制定的一种无线应用协议。从传输网络上看，WAP 支持 GSM、码分多址（Code Division Multiple Access, CDMA）等多种移动网络模式，是目前移动信息服务平台的较佳选择，这种接入方式能与传统的网络信息服务保持高度的一致性。但是，WAP服务方式也面临一些障碍。首先，WAP服务必须通过WAP网关才能访问互联网，并且不支持超文本标记语言（Hypertext Markup Language, HTML）语言，所有网络资源必须在网络接通时才可使用，所以速度相对较慢；其次，WAP网关一般是由运营商来建设，增加了投入成本和维护费用，而多数图书馆需要支付给运营商的费用是一大制约因素；最后，移动图书馆的用户群尚在发展阶段，WAP网站的访问速度会影响用户的体验，并且图书馆相关服务还不够完善，很多图书馆尚未形成自己的运维团队。目前，虽然WAP服务方式还存在一些不足，但是WAP服务提供了比短信服务更强的功能，也是一种重要的移动图书馆服务方式。

（三）I-mode 服务方式

I-mode服务方式，是一种在日本广泛使用的无线通信模式。日本无线技术领导厂商NTT DoCoMo推出了"I-mode"模式的互联网连接服务，用户通过特制的手机可以连接到互联网上，当时主要的服务是E-mail，同时还包括网络银行、网络订票等应用服务。I-mode模式是全世界比较成功的一种移动上网模式，其最大的改变在于计费模式，它将以时间为主的计费方式改变成以封包（即下载量）为单位，如此可以大幅降低用户的上网费用，加速其普及速度。日本的富山大学图书馆和东京大学图书馆，利用I-mode模式开发了移动馆藏目录检索系统，用户可以方便地进行馆藏信息查询，此外，还可以进行借阅提醒和图书续借等服务。

I-mode移动上网模式具有三点技术优势：第一，I-mode采用了分组交换叠加技术，实时动态地分配通道，在用户暂停交流时信道分配给其他的用户；第二，I-mode的分组交换技术能够保证用户总是在线，用户只要处于开机状态就处于联网状态，无须拨号便可畅游互联网；第三，I-mode允许用HTML语言制作网页，这就意味着传统的互联网内容提供商可以轻而易举地提供I-mode内容服务，而WAP使用的语言则是WML，传统的互联网内容提供商要想提供WAP服务，需要重新建设一个WAP网站。通过使用I-mode服务方式，用户可以随时方便地进入互联网菜单，包括移动图书馆及各种网址信息，并且其信息收费标准也比较低廉，因此这种服务方式比较流行。

利用I-mode服务方式，很多日本大学图书馆可接收学生的电子邮件预约，并且很多大学会给新生配置电子邮箱，只要把大学服务器的邮件转到手机上，学生就能收到借阅图书的逾期通知等服务。通过无线电子邮件，还可以收到催还、预约、续借、服务调整或最新消息等实时信息。此外，通过I-mode网络，用户可以访问多家网站，可以查阅交通地图，与朋友交换照片，购买火车票和进行更多业务，而且，新型的I-mode手机能够解释语音命令等，用户还可以订制个性化的主页，打开手机就可以进入到自己订制的服务内容中。尽管I-mode服务方式具有很多的优势，但其不足之处在于它是基于日本的移动通信系统而不是建立在开放性的标准之上，这就限制了I-mode在全球的推广；同时，I-mode方式必须使用网关将无线网络连接到服务器上，而服务器上的站点也必须是I-mode方式，这也使其推广受到一定的局限性。据专家分析，如果技术方面能达成一致的话，未来的I-mode服务与WAP服务有可能会走向融合。

（四）客户端软件方式

客户端软件服务，是一种安装在移动客户端的移动图书馆软件服务方式，能为用户提供更快捷、更强大的移动图书馆服务。用户在移动终端设备上安装移动图书馆客户端软件后，无须登录WAP网站就可以直接使用移动图书馆提供的服务。用户通过客户端软件可以实现多种移动图书馆服务，如移动馆藏目录检索、个人借阅信息查询、移动馆藏阅读、移动参考咨询以及图书馆导航等。此外，客户端软件服务还具有其他一些强大的功能，是一种比较实用的移动图书馆服务方式。

国内外一些图书馆相继开发了支持iOS、Android、Symbiai Windows等多操作系统的移动应用程序，并且取得了一定的应用效果。提供馆藏目录检索的移动图书馆客户端软件较多，有些软件还提供阅读评论、图书摘要信息及图书排行榜等服务。

Boopsie是一个专门开发手机应用程序的公司，该公司为OCLC的WorldCat、美国印第安纳大学等分别开发了适合用户使用的图书馆应用程序。其实现的主要功能有：利用GPS或其他的方法，在地图中指明图书馆资源位置；标示出检索到的资源状态；与维基百科（Wikipedia）等网站进行整合等。Boopsie开发程序的检索功能比较有特色，用户在检索的时候可以使用简写词，而不必输入全部的关键词，这体现了手持移动设备快速连接的特点。

移动图书馆客户端软件具有以下优势：第一，用户可以有效利用移动设备方便地进行检索，用户只须点击一下图标，输入关键字或用摄像头拍下要检索的内容，客户端软件会将这些文字或图像发给服务器，用户可以在极短的时间内获得检索结果；第二，在信息浏览方面，客户端软件要优于 WAP 服务方式，客户端软件为一键登录，布局清晰，操作方便，用户的体验更好，而 WAP 服务一般以链接形式存在，布局的清晰性和操作的方便性均不及客户端软件；第三，通过客户端软件，用户可以随时随地获取和分享信息，比如用户在阅读某书时可以写下个人看法，其他用户也可以看到并发表评论，通过互动交流，不仅能增加用户之间的联系，还可以提高用户的黏性。移动图书馆的客户端软件服务也有一定的局限性，它依赖于开发平台、终端性能、网络基础等多方面条件，由于开发平台有多种标准，提高了其研发成本和推广成本。尽管如此，但随着技术的发展，客户端软件服务必将成为一种重要的移动图书馆服务方式。

除了上述服务方式，还有一种 J2ME（Java 2 Micro Edition）方式属于早期的移动开发模式，是 SUN 公司专门为小型消费类电子设备设计的平台。J2ME 将移动图书馆设计成客户端软件，用户可以通过客户端软件访问图书馆资源。但最近几年，该方式已经逐渐被 Android 和 iOS 的开发平台所替代。

（五）服务方式的比较

移动图书馆的主要服务方式有短信服务、WAP 服务、I-mode 服务和客户端软件服务等。移动图书馆的短信服务是应用最为广泛的服务方式，具有结构简单、交互方便、成本低廉等优点，但也因其功能简单，长度受限，无法传输音频和视频等信息而具有一定的局限性；WAP 网站服务的应用较为广泛，提供了比短信服务更强的功能，其优势在于系统结构的灵活性和协议的开放性，服务内容也比较丰富，是目前移动信息服务平台的较佳选择，但在访问速度和下载流量等方面还存在一些问题；而 I-mode 服务方式是全世界最成功的移动上网模式，可以让用户更方便地访问互联网，并且其收费标准也比较低廉，但由于它不是建立在开放性的标准之上，这限制了它在全球范围的推广；客户端软件服务能为移动图书馆的用户提供更多元化的服务方式，用户能有效利用移动设备方便地进行检索和查询，其布局清晰，操作方便，有利于用户进行信息获取和分享，但由于其开发技术尚未完全成熟，研发成本较高，受到了一定条件的制约。

（六）移动图书馆服务方式的开展优势与发展限制因素

1. 移动图书馆服务方式是对传统服务方式的补充

移动图书馆短信服务主要是通过手机短信发送指令的方式进行服务。其信息内容以短小精练的文本为主，服务特色主要体现信息的及时性和互动性。移动图书馆的短信服务主要有短信提醒服务和短信参考咨询服务两种方式。通过手机短信通知系统，提供图书超期提醒、图书预约、短信续借、图书催还等一些图书馆的基本服务。短信提醒是由图书馆管理系统自动生成的，它能快速地为用户提供图书馆新闻通告、重要事件预告和其他资料，以及图书到期提醒服务。而图书馆传统服务中，图书超期提醒、图书馆预约和图书续借都是读者必须到馆才能享受的服务。然而图书馆的目标是提供信息和读者获取信息的无障碍性，对图书馆而言，它提供的信息服务应该无处不在、无时不在；对读者而言，获取信息应该没有时间、地点、文化、语言的障碍，任何读者都可以随时随地地获取图书馆的任何信息资源。针对图书馆传统服务与这些理想目标的差距，移动图书馆服务方式是对传统服务有效的补充。

移动网站服务方式即图书馆 WAP 网站服务。移动版网站并不是桌面版网站的微缩版，它的主要任务是为不能访问桌面版网站的用户提供有价值的信息。

比如用户不会通过移动版网站去阅读图书馆的责任、目标等，因为这样的内容完全可以在家里阅读。用户访问移动版网站一定带着某种需求。而图书馆的目标就是识别用户的需求，然后尽可能地满足它。长期以来，评判图书馆服务的标准，都是以其拥有的资源规模质量来体现的。传统图书馆的服务主要是围绕纸质文献与图书馆馆舍而展开的，以保存藏书为主，形成了"重藏轻用""重管轻用"的思想，把服务用户放在了次要的位置。其主要服务内容是馆内阅览、书刊外借、文献复制等活动。传统图书馆一般只要是在资金允许的条件下，会尽可能地收集藏书，馆藏肯定永远是有增无减，即使过时的信息也可以作为历史文献，满足用户历史研究的需要。丰富的馆藏虽然为用户提供了大量的信息资源，但对于用户如何找到所需信息、用户何处能找到所需的信息、用户何时能找到所需的信息，传统图书馆的服务没有加以重视。

移动图书馆的服务方式具有多样性的特点，摒弃了传统图书馆单一、封闭、被动的服务方式，把服务推向市场，信息资源的总量和形式更加丰富，从而也刺激了信息产品的生产者和开发者与提供者提高服务的质量。移动网络的逐步开放性，读者范围从原来的办证到馆读者而扩大到移动网络用户，只要拥有移动网络，无论是哪个国家还是地区，都可以归为读者范畴。图书馆的服务在无线网络的支持下，真正地由被动面向用户变为主动服务，主动面向用户、面向需求，与用户的沟通更加无地域、时间限制。移动图书馆服务在用户信息需求类型和用户信息需求的时效性得到了极致发挥，把传统图书馆服务方式所不能达到的服务标准和服务质量变为可能。

2. 移动图书馆服务方式是数字图书馆服务的无线延伸

手机客户端软件简称手机客户端，它是可以在手机终端运行的手机软件。手机客户端安装过程与普通电脑软件没有区别，操作简单，使用方便。随着谷歌、安卓手机和苹果iPhone手机热销，智能手机和移动设备普及程度显著提升，正是智能手机和移动设备的普及与发展，为它们在更多领域的广泛应用奠定了更加坚实的基础。图书馆与客户端相结合，可向读者提供图书馆信息查询、预约续借、视频点播、参考咨询、账号维护与个性化服务等服务内容。图书馆移动客户端不仅可以为读者服务，也可以为图书馆馆员服务，以提高工作效率。现在智能手机客户端基本上是为用户服务而设计，包括在线参考咨询等服务功能；如果围绕以图书馆员为中心而扩展这些功能，增加手机在线回复、远程应用维护等功能，更能够使图书馆、图书馆员和广大读者这三者之间架设起更为紧密与牢固的沟通桥梁。

移动图书馆的服务也摆脱了馆舍的限制，服务人员满足读者信息服务的硬件要求得到了降低，用户获取服务摆脱了笨重的台式机和繁冗的电缆，更不用奔走于图书馆舍之间，只要能够接入无线网络，随时随地都可以满足自己的信息需求。用户在客户端既可以采用输入关键字模糊查询，也可以采用语音或图像搜索等方式来检索自己感兴趣的内容。无线客户端大大简化了读者获取信息的烦琐程序，客户端会将用户检索的关键字发送给图书馆服务器，由服务器在云端进行快速计算，并在极短的时间内将结果返回给读者，代替了图书馆逐架查询的过程。无线环境下，图书馆工作人员也可以在更加广阔的自由化移动平台实现对图书馆资源的一体化管理，图书馆服务器每天24小时不间断地开放，而系统管理人员不可能实现24小时适时的监控与管理，造成服务器异常情况的滞后性处理，这常常会导致服务器的瘫痪或数据的丢失，那对图书馆电子资源将是致命的打击，严重影响图书馆正常的工作秩序。利用无线网络设备，管理人员可以获得服务器出现异常时发来的即时消息，以便进行相关的处理，保证服务器和图书馆服务的正常运作。例如苏州大学图书馆采用的 RFID 技术，大大提高了图书馆的借还效率，但是这种方法通常依据读写器与安装在图书上的标签之间的信号到达时间来估计标签与读写器之间的距离确定图书馆的位置，这种技术相对耗时，如果流通部官员通过在手机等无线移动终端中植入相应的设备，在局部范围内优先进行搜索，则能够迅速地定位图书信息，节约工作时间。采编部的馆员通过移动终端随时和读者交流，将读者的推荐书信息即时发送给图书提供商，参考咨询馆员也可以通过移动终端随时登录，解答读者的问题，为读者进行咨询，有些智能终端可以进行视频交流，这样就更加方便咨询馆员提供咨询服务。

3. 移动图书馆是读者的掌上书库

移动图书馆提供移动馆藏服务，即提供在移动终端上使用馆藏电子资源，包括有声书、电子书、电子期刊、有声在线课程、音乐和影像资料等。手持阅读器的出现，无疑提供了一个新的契机。首先，增加了读者一次可借资源的数量。传统的纸本图书的借阅，读者在一个借书周期内可借出馆的数量，各个图书馆都有一定的限制，虽然这个限制数在逐渐调高，但是仍无法满足读者一次借出许多本书的需求。而手持阅读器的出现则满足了这一需求。移动的个人图书馆并不是一个大而全的数字图书馆，它的存在不是为了取代原有的图书馆服务，而是从读者需要出发，提供一些交互信息量较小、实时性较强的贴身服务，弥补其他图书馆服务在时间和空间上的不足。因此，移动掌上书库是对原有数字图书馆信息服务的精心挑选和重新包装，同时，进一步有针对性地开发能够充分发挥手机移动终端优势的服务功能。

4. 移动图书馆服务发展的限制因素

移动图书馆服务发展的限制因素是从其服务方式在资源、技术、资金等方面来说的。

移动图书馆环境下对于图书馆来说首要解决的就是资源的问题，即图书馆可以提供哪些资源供用户移动终端访问及获取。目前，我国移动图书馆服务方式中的短信服务提供的资源主要以各种信息为主，包括图书到期提醒、图书馆讲座信息、图书馆一些公告等，WAP 服务方式提供图书馆馆藏书目信息，用户通过移动客户端登录图书馆网站也只能进行书目查询、图书借阅与续订、证件挂失等，服务方式都不能像通过电脑访问图书馆数据库那样进行相关资源的下载，用户如果有这方面的需求很多情况还是得通过电脑来获取。而国外很多图书馆就有移动馆藏、移动导览、移动流通服务，用户通过相应的移动终端可以直接浏览图书馆馆藏的图书资料，并且可以将相关资源下载到移动终端之中。因此可以说，我国图书馆要想在移动图书馆环境下有所作为，首先要解决的就是资源的问题，即提供用户所需，并且通过移动设备就能获取资源。

与资源建设相关的另一重要问题就是技术及资金的问题，移动资源的建设需要资金及相关的技术，这也是各个图书馆必须考虑的问题。比如移动图书馆客户端服务就需要强有力的技术及资金支持，技术方面主要涉及的问题有：移动终端操作系统的问题，目前市场上移动终端产品品种多样、类型繁多，单就手机而言，不同型号的手机就拥有不同的操作系统，因此，如何使不同的操作系统都能访问移动图书馆资源是需要解决的一个技术问题；移动图书馆系统建设问题，以数字图书馆系统而言，一个成熟的数字图书馆系统通常包括管理子系统、资源建设子系统、服务子系统等功能模块，其中管理子系统又包括图书馆内部管理及用户管理模块，资源建设子系统包括资源的建设与资源的组织功能，服务子系统包括个人服务和共享服务等，移动图书馆系统也应包括这几个功能模块，如何构建这些模块，是技术需要解决的另一大问题；数据格式问题，由于数据存储的格式不同，其各自的加工方式及保密方式也就不同，因此，如何实现对不同格式数据的转换以方便不同系统的统一检索，这又是必须解决的一个问题；信息安全问题，随着4G市场的增长，各种移动终端所面临的安全威胁如隐私信息被盗、窃听等问题越来越严重，仅以手机为例，目前已发现的手机病毒达2000多种。此外，移动终端上网信息中包含了用户的真实身份，隐私问题也成为移动图书馆发展中要考虑的，因此，移动图书馆环境下如何加强对移动终端设备病毒的安全检测和用户隐私数据的保密措施，给移动终端用户提供一个安全可靠的上网保障，是另一必须解决的技术问题。

移动设备无疑会大大方便读者使用图书馆各种服务，但像WAP网站移动书目查询这样的服务在高峰时期可能出现较大并发使用，这将加大WAP数据库端服务器压力；一旦服务器性能在高峰时不足以支撑运行，又会影响系统稳定性和业务连续性。为此，可通过增加设备投入、将服务器虚拟化和整合计算资源等方法加以改善；也可采用更高效技术来提升服务质量，如智能手机上采用JSR135（MMAPI）控制手机视频点播，与传统方式相比，其点播质量有较大的提升。

现有系统繁杂，接口不规范。随着计算机技术迅猛发展，每年都会有新技术不断诞生和投入使用。因此，一些时间较久远的图书馆系统在设计之初可能并没有预留接口供移动客户端使用，还有一些系统虽然在开发时预留了接口和方法，但因新旧技术、各程序语言和运行机制之间互不相同，也会造成无法正常使用。这些问题都增加了移动客户端与现有系统的整合难度和复杂程度。这些问题可通过系统二次开发，将系统用户接口直接嵌入客户端程序或开发中间件，设计相关Web服务接口来解决。

移动设备与计算机客观条件制约。文中提及了移动设备在屏幕大小、主要用途和系统平台不同分类方面需要考虑的因素，它们会使开发移动客户端难度超过开发同样功能的计算机软件。由于移动设备在资源和性能等方面均落后于计算机发展水平，必须在设计时慎重考虑，反复修改与测试，才能使软件达到最优效果。

需求是图书馆是否实行移动阅读的首要考虑因素。在这里，需求包括读者需求和图书馆自身的需求。前文已讨论了读者的移动阅读需求正在增加，而在图书馆自身需求方面，随着科学技术的不断发展，公共图书馆在信息上的主导地位正逐步减弱。在传统典藏职能的基础上，要使自身成为社会的必要和重要组织，图书馆就需要不断地、有针对性地拓展业务，也就是针对图书馆用户（包括潜在用户）的需求开展业务，吸引更多的人使用图书馆。

（七）移动图书馆服务方式应用的改进和选择路径

1. 移动图书馆服务方式应用的改进

（1）移动服务方式初期以借阅为主，移动阅读为辅

移动图书馆的服务方式是移动图书馆服务发展不同阶段的产物，移动图书馆服务的发展一方面取决于移动互联网技术的发展；另一方面取决于用户的需求与行为特征。针对读者的借阅服务依然是传统图书馆和移动数字图书馆所共有的最基本的图书馆服务。读者对移动服务的需求依次是检索图书馆信息、查询个人借阅情况、续借图书、挂失读者证、电子图书借阅下载、图书馆服务公告、各种活动讲座信息和文献传递等。开展移动服务首先要满足读者以上的基本需求，在此基础之上才能根据各图书馆的特点开展其他特色服务。

资源不足，数字图书出版机制尚未成熟，可浏览下载的数字资源太少，移动

数字图书馆的核心服务是将图书馆的各种电子图书、期刊、专业数字库延伸到各类移动终端，让用户可以在移动终端检索、浏览及阅览全文，但目前大部分移动数字图书馆尚未提供或只提供少量的在线数字资源供读者阅读，例如国家图书馆的掌上国图目前也只有1000余种图书和20余种报纸提供手机用户阅读。另外，数字图书出版机制尚未成熟。目前，传统出版社存在三种情绪：一部分出版社看到了数字图书的发展趋势，但只接受局部变化；另一部分认为，数字图书发展会冲击畅销书的销售，加速自己的消亡；还有一些出版社则认为，数字出版还是离自己太远了，并不是眼前需要考虑的事。由于供应链尚未理顺，导致现时出版的电子书种类过少、新书过少，移动数字图书馆可供浏览、下载的数字资源与传统网络海量的资源相比太少，资源的不足决定了初期发展阶段需要以移动阅读为辅助服务。

（2）由单一方式发展为多种方式互相补充

图书馆移动服务方式是各有优劣的。短信服务方式对软硬件的要求比较低，只要用户具有短信收发功能的手机即可使用此业务，具有及时、快捷、便宜、能够覆盖较大的用户群的优点。但由于短信的格式比较单一，长度受限制，对于数据库复杂的信息检索无法实现，服务水平只能停留在借阅信息的提醒和图书馆信息发布上，更进一步的图书咨询服务在运作起来也有很多受限制的因素。移动门户网站这种服务方式的系统结构灵活，协议开发，实现方式多种多样，比提供短信的方式更为丰富和功能强大，但WAP服务方式的要求要高于短信服务方式，需要手机内置WAP浏览器，虽然使用方便，但在不同移动终端的效果不同，移动终端的用户体验有好有坏。基于移动网络的WAP网站加载速度更是谈不上有什么好的体验，虽然在高速无线网络的方式下与互联网体验一样。移动客户端服务方式开发更具有灵活性，可以为上网的移动终端提供更丰富的图像及多媒体内容，可以充分利用客户端和服务器端各自平台的优势，使功能尽量最大化，但这种服务对终端的要求也是最高的，终端的硬件配置最低是支持Java虚拟机或者内置独立主流的操作系统。

从用户角度出发，如果服务的方式和内容比较简单，服务的方式以短信为主，WAP服务功能也比较单一，不能满足用户即时获取信息的需要，但也不是服务方式越先进就越好，调查显示，读者对图书馆手机服务的需求是客观存在的，其中需求程度比较强的服务有借阅提醒、查询图书信息、查询个人借阅信息、续借、电子图书下载、图书馆服务公告等，这些服务可以作为图书馆手机服务系统优先开发的功能。充分调研用户的实际需要和潜在需要，再选择适当的技术和方法，才能更好地开展图书馆移动服务。所以说，图书馆可以由初级阶段一种单一的服务方式向多种服务方式互相补充去发展。

（3）推出新项目服务，丰富服务内容

手机二维码是二维码和手机的结合。基于手机二维码技术的移动服务的迅速发展，这一新兴技术在图书馆领域同样具有很好的应用前景，可以拓展图书馆传统服务、改善读者阅读体验，有效提升图书馆的基础服务能力。QR二维条码应用上，图书馆可以将馆藏文献的题名、作者、来源、索书号、所在楼层和书架号等信息制作成QR二维条码显示在书目查询结果里，读者只须在具备拍照功能的智能手机上安装QR二维条码读取软件，经扫描译码后，通过手机屏幕显示的馆内路径便可定位到文献的具体位置。利用手机上显示的书目信息用户可以带着手机到阅览室找书，省去手工抄写书目信息或者利用信息访问网上书店的步骤，也省去了键盘录入功能。

手机二维码在移动图书馆中的应用真正实现了阅读的移动化和无边际化。这种技术同样可以丰富图书馆服务内容。图书馆里，手机二维码如果得到广泛的应用，会使得很多具有百年历史的大学散发出浓浓的现代气息。一般图书馆的入口处均安放了读取二维码信息的读码器，学生进入图书馆时，只须打开手机，调出手机上存储的二维码，然后将手机屏幕靠近读码器，便可将个人信息传到图书馆的电脑中进行身份识别，识别无误即可进入图书馆内，整个过程只要几秒钟，替代了原本烦琐的纸质图书证、人工识别等工作。图书馆借阅厅内的电脑系统也与二维码读码器实现了连接。学生将手机上用于身份识别的二维码扫入读码器，便可在旁边的电脑上查阅自己的图书借阅情况。已经借阅书籍的名称、到期时间等信息都一目了然，免却了手动输入的烦琐。二维码在阅览室内的应用也同样普及。学生将存储有自己信息的二维码扫入读码器后，便可在扫码器上方的屏幕上详细了解目前阅览室的实际状况，包括不同阅览室所在的位置及剩余座位容量等。通过了解这些信息，学生可以决定选择去哪一间阅览室。

手机图书馆是以手机为平台提供图书馆各项服务的新型图书馆形态，因而其用户对象为手机用户，手机图书馆要求用户手机具有短信接受和上网的功能，其基本框架包括手机终端、移动接入互联网和数字图书馆系统。微博吸引用户眼球的就是与互联网的无缝链接，手机用户成为微博重要的用户对象来源，用户利用移动终端将精髓信息通过手机发布到网上，同时用户也可以通过手机接收来自网络微博的信息，因而手机图书馆与微博具有交叉重合的用户群——手机用户，共同的用户为微博在手机图书馆中的应用提供了核心读者群。虽然微博在手机图书馆中还没有得到实际应用，但在实体图书馆中已经进入实践阶段，在美国、英国、加拿大等国家有多家图书馆利用Twitter通过网络搭建交流平台，读者通过Twitter了解图书馆的活动信息，图书馆工作人员利用Twitter进行业务交流。微博在实体图书馆中的成功运用证明其在手机图书馆中的应用是切实可行的。

微博与手机图书馆的契合点是网络与无线通信技术的结合，利用微博向手机发送信息、提供特色服务、进行业务交流是现阶段微博在手机图书馆得到应用的可行方式。微博向手机图书馆发布信息，首先需要手机图书馆以网络为平台与微博进行契合，契合的方式是在现有微博技术的支撑下，手机图书馆只需要在微博中将所有的手机图书馆用户进行注册，即可实现通过微博向手机图书馆用户发布信息。以微博为平台，手机图书馆的信息服务内容以动态信息为主，如馆内新闻、讲座信息、临时公告等。手机图书馆借助微博快捷的传播学特征，可以及时展示特色服务，而且根据服务对象及时提供特色服务信息，充分体现了个性化服务。手机图书馆中微博的特色服务领域体现于学科专业服务和数字化参考咨询。学科专业服务实现与专家面对面的信息交流方式。手机图书馆利用微博将专家所在领域的学科动态、发展前沿信息及时发送到专家用户手机上，比如学会召开、专业年度研究热点，根据专业特色服务内容要有所差异化，同时根据专家专业特色在微博上提供专业信息的订制，手机图书馆的专家用户只需要通过手机订制，就可以得到自己感兴趣的信息或服务，真正实现个性化服务理念。微博与手机图书馆契合的另一特色就是丰富了数字化参考咨询的服务方式——利用手机免费进行参考咨询。由于受经费和其他因素的影响，目前免费的数字化参考咨询仅局限于网络，这种数字化参考咨询要求用户必须有与网络相连的电脑，而微博与手机图书馆的契合将使微博成为手机图书馆数字化参考咨询的重要平台，这种方式摆脱了现有数字化参考咨询依赖于网络的服务状态，实现手机图书馆无须付费的无线参考咨询服务形式。

微博作为手机图书馆的业务交流平台，最佳的应用方式就是实现OPAC系统的微博化，使手机图书馆的用户可以通过手机接受来自微博的OPAC系统服务，这是由于手机图书馆与用户互动的重要途径就是OPAC系统，只有实现OPAC系统的微博化，才能使微博真正成为手机图书馆的业务交流平台。其次，微博也是图书馆行业内进行业务交流的重要平台，通过注册成为其他手机图书馆的粉丝，采取紧紧跟随、距离跟随、选择跟随的方式关注手机图书馆业务的发展。如对其他手机图书馆的馆内新闻可采取距离跟随，关注其动态；对试用、新购数据库及培训等活动采取选择跟随，借鉴对自己手机图书馆有利的服务活动和内容，而对与自己馆用户对象一致和相关的学科馆员及专家的微博采取紧紧跟随的方式，随时借鉴更新，加深学科的服务深度。

2. 移动图书馆服务方式的路径选择

（1）不同类型的图书馆移动服务方式的选择和应用

①专门图书馆应积极建设 WAP 网站文献资源。

专门图书馆是专门收藏一学科或某一类文献资料，为专业人员服务的图书馆，如音乐图书馆、美术图书馆、地质和教会图书馆等。收集和组织专门领域的文献，主要为特定的读者服务。它的任务是为所服务的机构收集、组织、保管、利用并传播与该机构业务有关的各种资料。因此，提供专业性质较强的文献资源是其服务核心。如果将这种服务延伸到无线服务方式，则普及率较高而且实现最为简便的短信服务显然是不现实的，专业人员想要对从事领域的相关文献进行搜索和阅读，通过简短的文本信息几乎是不能满足的，而由于一所专门图书馆的服务人员较少，而且专门服务人群较为特殊，专门去开发一款适合这部分读者使用的手机客户端不仅在资金方面受到严重制约，而且从功能上也会造成资源的浪费。所以，专门图书馆应该积极建设 WAP 网站服务。

图书馆只须添加 WAP 图书馆端服务器，在用户通过 WAP 把需求信息发送至服务器，服务器以 HTTP 协议方式进行交互，把 Web 网页进行压缩、处理，返回到 WAP 客户端上。对于一些数据量巨大的专业著作，可以通过 WAP 网站的信息查询模块检索，查询该书的具体位置和各种馆藏信息。如果根据这种信息需求，去建立下载链接，不仅相应的 WAP 数据量使得无线客户端比如手机难以承受，流量的资费非常巨大，而且即使用户将正本专业著作下载到无线客户端，也难以做到真正通过便携设备去进行专业研究。对于专门图书馆的 WAP 网站可以建立数据库检索权限模块。由于专业著作存在版权问题，通过这种模块可以仅限于服务机构和图书馆内部无线网络 VPN 方式打开，这大大抑制了读者的范围和使用率，减轻了 WAP 服务器的压力，也提高了对服务的质量，或者通过与中国移动或联通等网络运营商联合，用户在运用数据库检索功能的同时，让其代扣费用，这样不仅节省了图书馆员的服务项目，也增加了图书馆建设和运营数据库资源的资金来源。

②公共图书馆应发展为WAP网站服务与短信服务互为补充模式。

从服务方式来看，我国公共图书馆的移动图书馆服务主要采用WAP网站和短信两种方式，仅有国家图书馆提供应用程序下载的应用方式、上海图书馆提供二维码服务。美国公共图书馆的移动图书馆服务则以WAP网站为主要服务方式，辅之客户端应用，极少采用短信和二维码服务方式。从服务内容上看，我国公共图书馆的移动图书馆服务主要集中在书目检索、图书借阅、图书馆新闻讲座和参考咨询等基本服务，而电子书、音视频资源等方面的服务仅有个别公共图书馆略有涉及。相比之下，绝大多数美国公共图书馆的移动图书馆服务提供的移动图书馆均提供对图书馆具体方位的谷歌地图（Google Map）导引，以及工作时间、联系方式及常见问题解答等实用型服务，还提供数据库检索及电子书、音视频资源下载等高端服务，并针对读者日常生活需要提供诸如家庭保健、医疗、租赁等个性化服务，内容丰富得多。除上述我国公共图书馆的移动图书馆服务提供的基本服务，对这种实用类的服务也应有所侧重。

我国公共图书馆与美国公共图书馆的移动图书馆服务差异较大。我国公共图书馆侧重图书馆的基本图书服务内容，并将其不断细化，服务内容包含图书续借、预约、催还等。形成这种状况的原因是我国与美国读者的观念不同：绝大多数国内读者都认为移动图书馆服务就是通过手机定期接收图书馆通知等各类信息，而国外读者则认为图书馆是一个查找和获取信息的地方，渠道并不仅限于图书。

公共图书馆的移动图书馆服务对象是大众读者。对大众读者来说，除了基本的图书借阅服务，为他们提供图书馆具体方位、电话、工作时间等基本信息的介绍是非常必要且实用的；为他们提供参考咨询、留言反馈等交流服务是即时解决读者疑问最直接的方式。尽管我国移动图书馆服务包括诸如音视频下载、电子书、资源检索等服务内容，但是服务质量和水平都不高，可提供的电子书、音视频资源的数量非常少，读者使用率也比较低、无法形成规模，资源检索也局限于本馆馆藏书目检索。针对以上问题，我国应该加强对先进移动服务技术的借鉴和使用，拓展各类服务的规模和应用范围，促进移动图书馆服务内容的不断深化、完善，实现由简单服务到复杂服务、由实验可用到普遍应用的转变。

（2）不同发展环境下的图书馆移动服务方式的选择和应用

对于经济水平较发达地区的移动图书馆服务可以在发展短信、WAP、移动客户端等服务方式的基础之上，选择例如微博或者二维码等新服务方式。比如目前有些图书馆正在尝试的手持阅读器相关的读者服务，只是现在还处于试用和尝试阶段，由于技术和版权等方面的限制，其可供阅读的资源还是不尽如人意。手持阅读器并不支持所有的数字化信息资源格式，而且不能做到预装书的差异化。这些都是需要有待改进的。经费充裕是这些移动图书馆开展新服务的先决条件。

对于经济水平较低地区的移动图书馆服务，可以从移动图书馆联盟入手。图书馆联盟的最主要目的在于，通过各成员馆之间的互通协作以实现资源的最大化共享，并且能够在较短的时间内，采用最便捷的方式最大限度地获取相关信息资源。然而，要想实现这一过程，必须在以移动网络技术为基础的环境下，各图书馆之间加大资金投入，加强计算机自动化和网络化建设体系，其中，各个成员馆之间的局域网建设是重中之重，这是保证其系统成熟建立的基础，只有通过局域网与移动互联网络的对接，资源共享的理念才能真正得到有效的实现。这样，移动网络环境下图书馆联盟将会为用户提供包括联机联合目录、联合购买在线资源、集团采购在线资源、开展在线资源和实体资源的原文传递与馆际互借，以及复印优惠、合作存储、分布式的虚拟联合参考咨询、人力资源、管理资源共享等服务方式，针对目前图书馆联盟服务方式的弊端，从用户、信息资源分布、移动网络三个方面出发，使三者之间相互联系、相互促进，为移动网络环境下图书馆联盟服务方式的构建做好理论基础，并以为用户服务为基本原则，提高图书馆联盟的利用率，从而提升用户对图书馆联盟服务的满意度。

第二节　移动图书馆阅读服务内容

一、移动目录检索服务

移动目录检索服务（Mobile Opac Service），是移动图书馆服务中重要的服务内容。国内外移动图书馆纷纷建设移动图书馆网站，在移动图书馆网站中最核心的部分就是移动馆藏目录检索服务。在美国移动图书馆系统中应用较多的检索系统，是Innovative公司研发的移动OPAC系统，即AirPAC检索系统。AirPAC不仅能快速帮助移动图书馆用户进行馆藏书目检索，而且能够帮助用户进行借阅信息查询、图书馆通知查询等服务。移动图书馆的检索系统，主要通过相关模块自动抽取图书馆的书目信息，检索界面一般分为简单检索和高级检索等。如今，移动目录检索服务是国内外移动图书馆开展的最主要的一项服务。

OCLC为WorldCat引入了一个试点项目，允许用户通过移动设备的应用来检索和查找图书馆资源，用户能够通过作者、关键词及题目等信息进行检索，并且用户只须输入书名等信息的前几个字母，WorldCat Mobile就能自动完成匹配。洛兰·佩特森（Lorraine Paterson）等的研究发现，80%的学生认为移动OPAC很有用，调查还显示学生希望移动检索目录能够简单流畅，但也希望获得高级检索选项（如题目、作者和关键词等）以帮助检索。

移动目录检索服务是移动图书馆建设的重要环节，国内移动图书馆的Mobile OPAC基本上都和移动图书馆WAP网站结合在一起，专门提供移动OPAC的图书馆较少。国内的图书馆一般采用超星、书生或汇文的移动图书馆系统，也有一些图书馆采用自建或合作的方式构建移动图书馆。我国图书馆的移动检索目录通常按照图书、期刊、报纸、学位论文、视频、新闻等内容进行分类。其中，广东省立中山图书馆（与中国移动通信集团合作建设）移动检索目录比较有新意，馆藏书目查询可以按照书名、作者、索引号、分类号等进行检索，并且数字阅读可以按照章节、图书、期刊、报纸和学位论文进行查询。天津少儿移动图书馆的检索目录也很有特点，馆藏查询目录按照知识、电子书、纸书、期刊、动漫、视频进行分类，还有搜索热词的提示。综合来看，移动目录检索服务在移动图书馆的服务中发挥了重要的作用。

二、移动馆藏阅读服务

移动馆藏（Mobile Collections）包括电子图书、电子期刊、有声图书、在线课程、音频和视频等资料，用户可以在移动设备上阅读和使用。与传统的馆藏资源相比，移动图书馆的馆藏覆盖范围更为广泛。移动馆藏是图书馆为用户提供的可移动的数字多媒体馆藏，能使用户从图书馆远程服务中受益，内容包括视频、音频、电子书、电影和CD等。

移动馆藏资源可以分为两种类型：一种是移动图书馆购买的馆藏资源；另

一种是移动图书馆自建的馆藏资源。其中移动图书馆购买的馆藏资源相对较多，主要包括各种类型的移动数据库，如EBSCOhost Mobile、IEEE Xplore Mobile、WorldCat等数据库；同时还包括提供一些期刊数据库，如Nature、the Journal of Renewable and Sustainable Energy、the Journal of the American Chemical Society等。在国外图书馆数据库中出现了不少可以利用移动设备查询的数据库，如美国国家医学图书馆（National Library of Medicine）为用户提供PubMed Mobile、Medline Plus Mobile、TOXNET Mobile和Drug Information Portal Mobile等数据库；同时，国内的CNKI数据库、龙源期刊数据库也先后推出了移动版本。此外，Amazon、Overdrive、Google Books等也向用户提供了移动电子资源。还有一种类型是移动图书馆自建的馆藏资源，这种资源主要是基于图书馆的特色馆藏建设而成的，包括各种珍贵的图片、照片、古籍、音频和视频资源等。例如美国北卡罗来纳州立大学（North Carolina State University）提供的Wolf Walk应用数据库，Wolf Walk中含有1000幅学校的重要人物、地点和事件的历史图片，它是应用移动馆藏探索新的用户交互模式的一个试点项目；德国巴伐利亚州立图书馆（Bayerische Staatsbibliothek）将该馆珍贵的古籍和手稿加工成移动馆藏资源，通过苹果iTunes（一款数字媒体播放应用程序）为用户提供服务。

目前，国内外不少图书馆为用户提供多媒体数字资源的移动馆藏。近年来，通过听书的方式阅读有声读物是流行的一种新型阅读方式，它是把纸质的图书经主讲人朗诵出来成为有声读物，尤其能满足视力不便的老年人、残障人士和少年儿童等人群的需求，用户通过移动设备来点播所需信息，能够享受到移动阅读的乐趣。例如美国托马斯福特纪念图书馆（Thomas Ford Memorial Library）和圣约瑟夫县公共图书馆（St. Joseph County Public Library），它们为用户提供有声图书（Audiobooks）服务，用户能够将有声图书预装到借出的iPod中随身携带，图书馆允许借阅三周；贝勒大学的Crouch Fine艺术图书馆则将音乐课的听力作业预装到iPod上为学生提供服务，这类资源以教授姓名或者课程号为序编排，学生可以将设备借出12个小时；阿拉斯加州费尔班克斯大学图书馆（University of Alaska Fairbanks Library）通过Listen Alaska的门户网站为学生和教职员工提供外语学习、历史和政治等方面的有声读物，纽约公共图书馆（New York Public Library）则通过OverDrive实现电子书服务，为用户提供2500多本便携式电子书；我国台湾CHT图书馆（Oriental Institute of Technology Library）为用户提供移动视频点播服务，其移动视频系统（Mobile VOD System）含有1000多个正版视频，包括探索频道（Discovery Channel）、国家地理频道（National Geographic Channel）、校园讲座/演讲等各类移动视频馆藏资源，用户通过标题或创建者等信息可查询需要的视频资源。我国香港浸会大学的一项研究表明，移动视频馆藏具有重要性，用户通过客户端软件和移动网站观看视频情况相同，图书馆有必要提供移动馆藏服务，以满足当前用户的需求。

国内外图书馆在建设移动馆藏资源的同时，也在开展各种移动阅读服务。

目前，图书馆主要提供两种方式的移动阅读服务。一种是"硬件+资源"的外借方式，主要是电子书阅读器出借服务（Electronic Book Readers Leading Service），这种方式由图书馆购置一定数量的阅读器，在预装移动馆藏后为用户提供服务，用户借出后可以下载移动电子书等馆藏资源；另一种是允许用户利用自有移动设备借阅图书馆的移动馆藏，这种方式是通过专用软件对用户和资源进行管理，用户可以安装相应的移动客户端软件，或者直接在移动图书馆网站上进行在线阅读。这两种移动阅读方式各具特色，相对而言，国外开展电子书阅读器出借服务的图书馆较多，国内提供该服务的图书馆较少。而第二种移动阅读服务，是比较受用户欢迎的移动阅读方式，也是比较便捷的服务方式，随着移动设备的发展和进步，用户利用自有移动设备进行移动馆藏阅读必将成为移动图书馆的重要服务内容。

自从Amazon推出eBook Reader（电子书阅读器）后，国外很多图书馆开始提供电子书阅读器的出借服务。国外的市场上最流行的三种电子书阅读器分别为Amazon Kindle、Barnes&Noble Nook和Sony Reader，这三种设备的共同之处在于：它们都使用E-ink技术，都具有调整文本大小的能力，都具有相似的存储能力和电池寿命，并且尺寸和重量也大致相同。国外一些图书馆的移动馆藏阅读服务主要是与电子阅读器生产厂商合作，如美国的北卡罗来纳州立大学图书馆、内布拉斯加大学图书馆等与Amazon Kindle合作，OCLC则与Sony Reader合作，而纽约公共图书馆、休斯敦大学图书馆及杜克大学图书馆等与iTouches/iPods合作。此外，美国一些图书馆还提供电子书下载服务。例如弗吉尼亚大学图书馆现有2100多种电子书全文，可供校内外用户下载和阅读，这类资源在电脑或移动设备上均可使用，电子书类型包括英美小说、儿童文学、美国历史、拉美文学及部分宗教经典。美国已有8000多家图书馆与数字媒体公司合作，购买有声书、电子书、视频和音频文件，这些图书馆的读者都可以把内容丰富的多媒体资源传送到移动设备上以供利用。

移动互联网使人们的生活步入了碎片化阅读时代，人们可以利用移动设备随时随地获取图书馆的移动馆藏资源，享受移动阅读服务所带来的便捷。如今，移动馆藏阅读服务极大地方便了用户，它不仅是移动图书馆的重要服务内容，也是一种全新的移动服务模式。

三、移动参考咨询服务

移动参考咨询服务（Mobile Reference Service）是伴随移动服务的发展而产生的，是移动图书馆的主要服务内容之一。目前，对于移动参考咨询的概念，图书馆界还没有统一的定义。移动参考咨询是用户和咨询馆员一方或双方利用移动设备进行问题咨询和解答，并通过相应的平台向用户推送信息内容的一种参考咨询服务方式。换言之，移动参考咨询服务是将传统的参考咨询和数字参考咨询的服务内容嫁接在移动平台上，其服务更具快速性和便捷性。移动参考咨询具有以下特点：一是服务手段具有灵活便利性，移动用户在进行移动参考咨询服务时，不受时间和地域的限制，可以灵活地调整或更新网络配置，随时接入移动互联网进行参考咨询；二是服务信息源具有多样性，移动参考资源既有图书、期刊、报纸等传统的纸质文献资源，还包括各种音频和视频资源，更有专业的数据库资源和网络信息资源，用户可以自由地选择文本、图片及多媒体等信息；三是服务环境具有开放性，主要体现在移动服务终端的多选择性，用户可以根据自身情况随意选择使用的服务终端和地点；四是服务成本具有经济性，主要体现在节约安装成本和人工维护成本，移动终端只需要用户支付终端购买费用，无须安装任何物理线路，同时也节省了维护成本。随着移动图书馆服务的不断发展，移动参考咨询服务已经成为移动图书馆服务的重要内容。

除了传统的常见问题解答（Frequently Asked Questions, FAQ）咨询内容，移动图书馆产生了很多新的参考咨询方式，主要可以分为两大类：一类是基于馆藏资源使用指南的音频和视频服务；另一类是基于移动设备的参考咨询服务。第一类参考咨询服务，对那些不熟悉图书馆服务情况和无法参加馆藏资源培训的用户十分有用，图书馆提供相关的音频和视频资源，用户可以利用移动设备随时下载资源，这给用户带来了极大的方便。国外许多图书馆都为用户提供音频和视频指南服务，包括图书馆的参观导览指南、规章制度指南、资源使用指南和咨询服务指南等。例如杜克大学图书馆（Duke University Libraries）为用户提供Bostock图书馆的语音导览服务，介绍图书馆大楼布局、开馆时间和规章制度等；华盛顿州立大学图书馆（Washington State University Libraries）提供了帮助用户使用图书馆资源的音频资料，用户能通过iPad和其他移动设备进行查看，图书馆还为用户提供了三分钟的馆藏地图指南和两分钟的检索使用指南；俄亥俄大学奥尔顿图书馆（Alden Library at Ohio University）为用户建立一系列简短的音频文档，包括校园须知、预定研讨室、参考咨询和图书馆培训等；还有一些图书馆利用iTunes U.为用户提供服务，例如亚利桑那州立大学（Arizona State University）在iTunes U.上提供下载海登图书馆（Hayden Library）的旅游导览服务，使图书馆的参观者能够方便地获取图书馆的游览指南，此外，约翰霍普金斯大学谢里丹图书馆（Sheridan Libraries at Johns Hopkins University）为用户提供相关播客服务（Podcasting Service），指导用户如何进行检索和参考咨询。近年来，播客服务是国外移动图书馆服务的流行趋势之一，它通过一种易于访问的格式提供点播服务，使远程教育和海外学习的人员受益。基于馆藏资源使用指南的音频和视频服务，是一种新型的移动参考咨询服务，为图书馆用户提供了极大的便利。

基于移动设备的参考咨询服务，包括短信参考咨询、移动客户端参考咨询和移动电话参考咨询等。其中，短信参考咨询是一种主要的移动参考咨询服务。如果用户的问题可以用简洁的语言回答，那么可以考虑使用短信参考咨询服务，短信参考咨询是指用户以短信的方式发送咨询问题，并以同样的方式接收回复的服务。如果大部分用户的咨询都可以用简短的文字回复，那么这种咨询服务就十分便捷。例如康奈尔大学图书馆（Cornell University Library）使用的短信参考工具是由Mosio公司开发的Text a Librarian，其服务是基于网页界面，无须安装和管理，具有保护隐私、自动生成统计报告、馆员合作咨询、兼容E-mail等特性；该工具还可以让图书馆员方便地查询Web 2.0的相关信息，从而完善和更新给用户的答案，包括虚拟参考咨询、社区网络检索和高级网络检索三个功能。美国的奥兰治县图书馆（Orange County Library）建立了一个短信参考咨询系统，用户通过短信方式向参考咨询馆员提交问题，或者利用系统的特殊关键词直接获取相关的结果，比如通过邮编查找最近的公共分馆等；美国部分大学图书馆还利用

AOL（American On Line，美国在线公司）的即时消息系统发送短信来进行参考咨询；还有些图书馆利用Altarama信息系统的短信功能提供短信咨询服务。除短信参考咨询，还有移动客户端参考咨询和电话参考咨询服务，美国宾夕法尼亚大学图书馆（University of Pennsylvania Library）、波尔州立大学图书馆（Ball State University Library）允许用户安装AIM、Google和Yahoo的即时交流软件进行移动参考咨询；而美国国会图书馆（Library of Congress）等机构还提供了一种名为Cell的免费电话咨询服务，用户可以了解图书馆指南，或者选择感兴趣的内容进行倾听。基于移动设备的参考咨询服务，也是移动图书馆服务的重要组成部分。

移动参考咨询服务，在国外的移动图书馆服务中占据了十分重要的地位。

第三节　移动图书馆阅读服务趋势

一、实时性移动服务

实时性移动服务，是指移动图书馆的用户能够在第一时间收到图书馆发出的实时性信息，包括各种提醒类的通知、用户预订的即时信息，以及相关推荐资源等。移动图书馆的实时性服务是基于时间维度的移动服务，它可以让用户通过短信等方式及时收到图书馆的各种实时信息，如图书到期提醒（或称图书催还提醒）、图书续借提醒、预约书到馆提醒、罚金提醒、新闻通知、讲座通知、开闭馆通知、新书通告等内容。用户也可以随时订制和获取需要的信息内容，比如订阅感兴趣的图书和期刊资源，定时地接收图书馆发来的最新资讯。实时移动服务还包括移动检索等服务，用户可以及时地获得移动检索结果。移动图书馆允许用户随时访问图书馆的移动馆藏资源，今后还将根据不同用户的需求提供动态的、实时性的移动信息推荐服务。未来的移动图书馆将为不同的用户提供更加专业和满意的服务。

此外，移动图书馆还可以实现各种图书罚金或其他款项的实时支付功能。如果需要支付的金额不大，用户不必到馆就可以在移动设备上完成相关业务的支付。这样不仅方便了广大用户，也满足了用户的移动支付需求。尽管图书馆的实时性移动支付服务比较便捷，但是这项服务也存在一定的风险性，需要采取严格的措施加以防范。随着移动技术和移动设备的不断发展，实时性移动服务将会成为未来移动图书馆的一种服务趋势。

二、定位性移动服务

定位性移动服务，是一种基于位置信息的移动定位服务，能为图书馆用户提供馆藏资源定位和图书馆导航等方面的服务，是移动图书馆的一个发展方向。对图书馆的新用户而言，在众多书架中找到需要的图书是一件比较困难的事情，因为新用户通常对馆藏分布并不熟悉。如何准确地找到目标资源，图书馆的移动定位服务能充分发挥作用，用户可以根据移动设备上所显示的图书定位导航，顺利地找到所需的图书。例如用户首先进行馆藏检索，查询所需资源在图书馆的位置，然后通过手机等移动设备拍摄对应的二维码，移动定位服务会自动指引用户找到资源所在具体位置。目前，国外已有少数图书馆开展了馆内移动定位服务，但这种服务还不够普及，未来的移动图书馆将不断拓展这项服务，为更多的用户提供服务。

移动图书馆能够根据用户所处的位置，告诉用户所需的资源在最近的哪家图书馆，这种基于位置的移动定位服务可以大大节省用户的时间。利用移动图书馆定位服务，用户可以通过手机等移动设备查询临近的图书馆是否有所需图书，如果附近图书馆有需要的资源，即可马上前往借阅，这项服务充分体现了移动图书馆服务的便捷性。移动图书馆的定位服务，将移动馆藏资源与移动导航技术结合起来，具有较强的实用性和应用性。

三、交互性移动服务

交互性移动服务，是移动图书馆利用移动设备实现的一种互动服务方式。交互是两个或多个人进行想法、情感或物体的交换过程；而计算机领域的交互主要通过技术实现，它与现实中的交互一样具有复杂性。在移动互联网时代，移动通信技术与 Web 2.0 应用相结合，可以为用户提供良好的交互性移动服务，例如移动微博、移动网络社区、移动百科全书等正表现出强大的生命力。尽管目前的移动图书馆服务内容比较丰富，但还是缺乏一定的互动性。如果能将 Web 2.0 的应用与移动图书馆的服务相融合，无疑会使移动图书馆如虎添翼。移动图书馆的用户可以利用移动设备随时浏览电子书，查看其他用户对该书的评论和感想，还可以与其他用户进行实时互动。同时，用户也可以查看相关书籍在微博和移动网络中的信息，与其他用户进行分享和交流。这种移动图书馆服务不仅有助于促进用户之间的沟通，而且也有助于扩大图书馆的用户群，增强移动图书馆的用户体验。

随着移动社交网络的发展，用户可以在移动图书馆平台上对书籍进行评价、分享相关知识、参加学术讨论、加入兴趣群组等，充分享受移动图书馆带来的互动性和便捷性。未来的移动图书馆用户，可以通过移动馆藏目录检索到需要的图书，同时也会看到其他用户对本书的评论，进而判断是否需要借阅这本书。用户还可以通过其他用户的推荐找到相关的一些书籍。此外，用户还可以看到与该类图书相关的一些咨询问题，如果有该类图书的兴趣小组，用户还能浏览兴趣小组的讨论内容并加入其中讨论。利用移动图书馆的交互性，用户还可以向移动咨询系统提问感兴趣的问题，也可以像咨询馆员一样对熟悉领域的问题进行回答和评价。基于交互性的移动图书馆服务，为用户的学习和生活带来了很多方便，将成为移动图书馆未来的发展趋势。

四、个性化移动服务

个性化移动服务，是移动互联网技术与个性化服务的有机结合，能够根据不同用户的特征和需求，提供不同的移动资源服务，这是移动图书馆未来发展的一种趋势。个性化移动服务首先需要收集用户的偏好特征，不断地了解用户的特点和需求，在此基础上为用户提供不同的信息提醒、书籍推荐和最新资讯等个性化信息。移动图书馆的个性化服务与传统图书馆的个性化服务有所不同，它具有移动性、及时性和主动性等特点，而传统的个性化服务没有与移动通信技术相结合，不能及时、主动地为用户提供相关信息。

移动图书馆能根据用户的需求对信息进行收集、整理和分类，让用户随时获得所需要的信息。例如移动图书馆可以根据用户感兴趣的内容，将最新到馆的书刊和用户需要的信息通过短信等方式及时推荐给用户，或提醒用户登录移动图书馆网站进行查询和阅读；移动图书馆还能结合RSS（Really Simple Syndication，简易信息聚合）技术为用户提供聚合移动信息服务，移动图书馆可以按照不同学科、主题和类型对信息资源进行分类整合，形成支持移动阅读的文档，为用户提供个性化的信息推送服务。现有的移动图书馆个性化服务，还包括"我的图书馆"服务，该服务支持图书馆为用户提供个性化的移动信息查询等服务，有助于用户随时了解个人的借阅信息等情况。对于现有的服务，应该在发扬其优势的基础上进一步拓展服务内容，提高服务质量，为用户提供订制、推荐、咨询和学习等多种个性化服务。

移动图书馆的发展，一方面取决于移动互联网技术的发展；另一方面取决于用户的需求和行为特征。根据有关研究，用户在访问图书馆时，一般先进行关键词检索，如果搜索结果达到100条，那么用户查看详细摘要等信息的比例一般只有30%（30篇左右），而读者打开全文浏览的数量会缩减到10篇甚至更少，在简单快速浏览这10篇文献后，需要精读的也许只有2~3篇了。未来的移动图书馆，将以个性化服务和学术速读为主，而基于台式电脑的数字图书馆更适合以精读为主。移动设备的个性化特点决定了个性化移动服务将是未来移动图书馆的一个重点发展方向。随着移动技术的发展，移动图书馆可以根据用户的背景资料、兴趣偏好构建用户模型，主动为用户提供各种个性化的信息，包括文字、图像、音频和视频等多媒体资源。未来的移动图书馆服务，会根据不同用户的特点和情境需求，提供情境感知的个性化移动图书馆服务。

五、多元化服务趋势

在移动互联网时代，未来的移动图书馆会将实时性移动服务、定位性移动服务、交互性移动服务和个性化移动服务有机地结合起来，为用户提供多元化的移动图书馆服务。

从传统图书馆到数字图书馆，再到移动图书馆，图书馆的每一步发展都离不开信息技术的支撑和推动作用。在移动互联网时代，新型移动信息技术为移动图书馆的发展带来了新的契机。而移动互联网区别于传统互联网的一个重要特征，是移动终端的移动性、位置性和即时性，因此，基于情境感知的移动图书馆将是未来发展的方向。以手机为代表的移动设备能够为用户提供身份识别、位置搜索等功能，其移动终端的便捷化特征为移动图书馆服务创造了很多发展空间，未来的移动图书馆将以多元化服务为趋势。移动互联网时代，移动图书馆服务应该始终以用户为中心，将实时性服务、定位性服务、交互性服务和个性化服务有效地结合起来，为用户提供全方位的多元化服务。同时，移动图书馆应不断适应新技术和新环境的变化，为用户创造新型的移动图书馆服务模式。

随着移动通信技术的发展，用户获取和使用信息的方式发生了极大的改变。在当前的移动环境下，用户的需求具有复杂性、多维性和动态性，并且表现出极强的情境敏感性，这种需求特点的变化对移动图书馆服务提出了更高的要求。因为用户的信息需求不仅与用户的身份、兴趣、偏好等相关，并且依赖于时间情境、地点情境、用户任务，以及系统交互历史等情境信息，这种基于情境感知的服务将是未来图书馆满足用户多样化需求的重要举措。

六、移动数字图书馆功能设计

移动数字图书馆的用户需求是明确的，为用户提供服务的基础是图书馆所拥有的纸质和数字资源，以及图书馆员这一人力资源。各馆的资源总是有限的，而用户的需求是无限的。如何解决这个矛盾，可以通过区域联盟的组织形式和云平台的技术模式来解决。

（一）移动数字图书馆联盟

1. 移动数字图书馆联盟建设要点

移动图书馆联盟的出现，对于移动数字图书馆的发展具有划时代的意义。它需要解决以下几个问题。

内容提供的瓶颈问题与版权问题。

提供整套的移动数字图书馆系统解决方案，包括不同文档的阅读转换、读者终端权限控制等。

获得稳定的财政支持，具备可持续发展能力。

合理的管理体制、运行机制；均衡的利益平衡机制。

科学的信息资源共享模式等。

FULink（福建省高校数字图书馆）移动联盟的建设要点如下。

第一，共建联盟的联合目录共知、共享系统。

第二，建立单馆资源移动服务系统。

第三，共建移动数字图书馆联盟服务系统。

2. 移动图书馆项目的详细需求

读者能够通过手机及手持设备查看图书馆公布的各种信息：图书馆介绍、机构介绍、新闻、服务时间、借阅规则、到馆路线和公告等。

读者能够通过手机及手持设备对纸书的馆藏及借阅信息进行查询：对馆藏OPAC资源进行统一检索、查询OPAC的借阅信息。

读者能够通过手机及手持设备对电子资源的馆藏及借阅信息进行查询：对本馆馆藏的电子资源进行统一检索、能够通过手机及手持设备在线访问馆藏电子资源。读者能够在馆外访问图书馆内的所有数据库资源，不允许非法访问或者散播使用权限。

读者能够利用各种手机及手持设备对移动图书馆进行访问：系统支持苹果系统、Android系统、塞班等操作系统，只要能够访问互联网的手机均可以使用移动图书馆。

技术强大的移动图书馆后台管理功能：系统应有方便的后台对用户进行管理、能够方便地查询读者的使用情况。

设计精美的个性化风格设计：为图书馆量身定制开发，与图书馆网站保持一致的UI风格。

（二）移动数字图书馆云平台

福州地区大学城文献信息资源共享平台的移动数字图书馆联盟云平台结构：

基础层：包括两个部分，硬件基础包含Web应用服务器、数据库服务器、负载均衡服务器等共24台服务器、存储30T，资源包括本地镜像资源、远程可访问资源，其种类包括纸质图书、电子图书、电子期刊、会议论文、学位论文、报纸、专利、标准、互联网免费资源等。

平台层：主要涉及平台的服务器、存储、交换机等平台的运维。

服务层：主要涉及与用户服务有关的一系列功能，如用户注册、统一认证、文献管理、日志管理等。

应用层：统一检索、文献传递、联合目录、参考咨询、信息发布是其主要功能。

门户层：包含共享平台的门户、成员馆自己的门户入口等。

接入层：手机、iPad、MP3/MP4、PSP等手持移动终端设备，笔记本电脑和台式机都可以是接入层设备。

（三）平台功能设计

福州地区大学城移动数字图书馆联盟以手机、平板电脑等移动设备为载体，以资源共建共享为手段，结合云技术，建设一套基于元数据的信息资源整合为基础，以适应移动终端一站式信息搜索应用为核心，以云共享服务为保障，通过手机、iPad、MP3/MP4、PSP等手持移动终端设备，为图书馆用户提供搜索和阅读数字信息资源，自助查询和完成借阅业务，为实现数字图书馆最初的梦想——任何人、在任何时间、任何地点获取所需要的任何知识——构建现代图书馆信息移动服务平台。

1. 与传统服务集成：实现 OPAC 的移动检索与自助服务

OPAC是用户检索和使用图书馆信息资源的主入口，可以查询图书馆馆藏纸书的详细情况，使读者能够完成在各种终端设备上的查询、浏览馆藏、预约、续借及接收通知等功能。

个人信息查询能显示历史借阅情况、归还日期、预约、欠费等信息，方便读者进行管理，通过读者身份统一认证进行登录。

热门推荐及热门借阅：通过推荐方式分享优质资源，形成读者与图书馆之间的互动。系统根据点击借阅量，定期统计出每本图书资源的使用情况，并将结果反馈给读者，这种统计信息也可以作为图书馆新资源采购方向的参考。

读者荐购：对于检索不到的图书馆资源，读者可做荐购处理。

2. 与数字服务集成：实现电子资源的一站式移动检索与阅读服务

系统应用元数据整合技术对本馆的中外文图书、期刊、报纸、学位论文、标准、专利等各类文献进行全面整合，在移动数字图书馆联盟平台上实现资源的一站式搜索、导航和全文获取服务，为用户提供便捷的检索体验。

3. 与共享服务集成：实现馆外资源的联合移动检索与共享服务

本平台不仅可以搜索到图书馆所有的文献资料，还实现检索大学城内其他几所图书馆馆藏书目系统、电子书系统、中文期刊、外文期刊、外文数据库，对检索到的文献，读者直接通过网上提交文献传递申请，并且可以实时查询申请处理情况，以在线文献传递方式通过所在成员馆获取文献传递网成员单位图书馆丰富的电子文献资源。

4. 与个性服务集成：实现信息交互与个性化订制服务

教参资源：教参资源学科、课程服务的必要基础。教参资源建设在提高教学质量和教学水平中发挥着重要作用。共享平台可为大学城师生提供全面、优质的教学参考资源。

馆务服务：在移动数字图书馆上将实现与图书馆常规业务的实际对接，提供在线参考咨询和对外信息发布服务。

（1）在线咨询

通过在移动数字图书馆上搭建在线咨询服务模块，解答读者遇到的与图书馆资源及其利用、文献查找、图书馆服务有关的各种问题。

（2）信息发布

信息发布平台通过对图书馆公开信息的通告和个人借阅信息通知，最大限度地方便用户了解学校最新动态信息，实现其对图书馆资源的更好使用。系统管理员可根据不同身份的用户，分组推送不同内容的信息以实现最精确的推送。如预约到资源提醒、借阅到期前提醒、借阅超期催还、借资源成功提醒、还资源成功提醒、学校/图书馆公告等。

第六章 跨界融合下的公共图书馆建设及服务创新

第一节 图书馆配商与图书馆的融合

一、图书馆配商与图书馆的合作关系

"图书馆配商"一词最早是由中国台湾的中盘商提出的，馆配商的意思是连接上游出版社和下游图书馆用户，承担图书分销任务，并提供专业化服务的中间商。馆配商和图书馆是馆配市场的供需双方主体，馆配市场是图书馆事业和出版事业发展到一定程度的必然产物，是图书出版发行商与图书馆之间进行图书商品及相关服务交换关系的总和。馆配市场的关系，包括书商与图书馆之间的关系，也包括由交易关系引起的书商与书商之间的横向关系，以及图书馆与图书馆之间的横向关系。馆配商的发展是伴随图书馆事业变化发展而来的，馆配商与作为其利益相关者的出版社图书馆形成了互利共赢、相互依赖的生态链。随着图书馆对文献资源需求的多样化需求，在传统的纸质图书外增加了对数字资源的需求，馆配商也顺应这种需求，不断自我调整，改变过去单一供应图书的业务方式，逐渐发展为配套全流程服务的图书馆管理和服务解决方案提供者。

图书馆配商在图书馆资源建设和发展中扮演着十分重要的角色。

美国图书出版商协会的沃勒提出了出版商、书商和图书馆关系的3R观点，即"在最适当的时候，将最适当的图书，提供给最适当的读者（getting the right book to the right person at the right time）"，将3R作为出版商、馆配商和图书馆三者的共同目标。图书馆和馆配商实际上一直在各尽其职朝这个目标发展，并在网络化时代随着社会分工的细化和市场的细分走向合作道路。在20世纪60年代，图书馆员采用电话方式和图书供应商联系洽谈，通过邮寄图书发行目录，由

图书馆根据图书目录勾选订单再邮寄给书商进行图书采购。20世纪70年代，随着计算机信息技术的发展，大多数图书馆建立了图书采访信息系统，图书供应商开始开放其书目数据库供图书馆共享访问，图书馆通过信息数据专线访问数据库，进行书目选择。一些书商开始尝试用其他的技术方式提供书目，如以缩微胶片的方式向图书馆提供书目清单。20世纪80年代，随着计算机在各个领域的普及，一些图书馆购买了图书馆自动化系统，图书馆员通过自动化系统制作电子订单，使用电子数据交换系统将图书订购信息传递给图书供应商。20世纪90年代以后，网络信息技术不断升级，图书供应商建立属于自己的自动化系统，提供网络化的订购书目、图书信息查重、订单接受和处理等业务，图书馆的自动化系统也随之升级发展，与图书供应商的自动化系统相互兼容，实现数据的有效衔接。图书馆在发展中进行业务流程重组，图书供应商和图书馆的关系也逐渐从单纯的图书供货关系转变为图书馆服务外包承担商的关系。

定位于高度信息化运作、专业化服务的现代图书馆馆配市场，是图书产业发展到一定程度后，伴随各类图书馆对图书售前、售后服务的需求应运而生的。随着图书馆服务创新，图书馆文献资源的采购、组织、揭示、流通等诸多环节也发生着深刻的变化，图书馆配商与图书馆之间的合作也更加深入。我国从中华人民共和国成立到20世纪90年代以前，新华书店是图书馆图书采购的唯一馆配商。90年代以后，随着民营书业企业的介入并迅速崛起，民营馆配商在馆配市场中起主导和引领作用。2002年，国家教育部开始对普通高等学校本科教学工作水平开展评估，生均图书数量作为评估方案中一项重要考核指标。图书馆对图书数量及烦琐的加工流程需求增加，极大地推动了馆配商的发展壮大，馆配商进入了迅速扩张时期。进入21世纪以来，伴随着馆配市场的不断扩大，出版社也从中捕捉到巨大商机，承担起馆配商的角色。现在，馆配市场呈现出民营馆配商、新华书店和出版社三足鼎立的局面，三方各具特色，共同服务于图书馆的图书采购市场。随着图书馆多元化的需求和馆配商多样化的服务，图书馆与馆配商的关系也越来越紧密。

二、馆配商与图书馆的合作驱动因素

馆配商与图书馆之间的合作，本质上是供应链合作关系，是服务销售商与客户之间在一定时间内共享信息、共担风险、共同获利的协作关系。馆配商既是供应链上游出版社的客户，又是供应链下游图书馆的供应商。馆配商与图书馆之间在特定时间段内就特定的文献资源产品或服务达成一定的承诺和协议，包括信息共享、分享和分担由于合作关系带来的利益和风险。因此，馆配商与图书馆之间的合作关系是一种供应链合作关系。随着图书馆业务的发展，不断增加的文献资源多样化需求和馆配商在激烈的市场竞争中寻求经济增长点都成为馆配商与图书馆合作关系的驱动因素。除此之外，书刊市场价格因素、国家出版政策调整、宏观经济发展的整体状况对双方关系都有一定的影响。

　　读者服务工作是图书馆工作的核心，也是图书馆工作的出发点和落脚点。随着图书馆服务理念的变化，读者服务意识不断增强，图书馆的工作重心逐渐转移。由于作为组织的图书馆本身需要管理和运行，人力、物力、财力等资源需要分散在图书馆管理和服务的各个领域，分配在图书馆信息咨询服务方面的经费就相对较少，信息咨询服务能力就成为图书馆相对薄弱的环节。为了提升信息服务的水平和能力，图书馆开始将工作重心从传统管理和服务工作转移到信息咨询服务工作中。工作重心转移使得图书馆需要对内部人员和岗位的配置进行重组，一些图书馆将部分非核心的工作任务外包给图书供应商，由图书供应商承担。如加拿大阿尔伯达大学（The University of Alberta）图书馆将业务外包后对图书馆员重新进行了培训，将原来的40个职位转成公众服务工作。而国内如中山大学图书馆完成了岗位设置改革，将资源进行了重新分配，业务也进行了重组。图书馆调整业务结构，对业务流程进行重组和优化，实现了业务管理的科学化和合理化；采用业务外包的方式，将部分业务委托外包，以便集中精力从事核心业务。更多的图书馆员从图书编目、期刊著录、电子文献加工等繁忙的事务性工作中解脱出来，走到读者服务的第一线，图书馆的工作重心也从后台支撑走向前台服务，服务内容也从一般服务向深层次咨询服务转移。随着科学技术的发展、知识更替速度加快，信息资源越来越丰富，图书馆单纯通过内部优化对服务能力的提升并不明显，图书馆员也明显感觉到工作压力的增加。面对这种情况，图书馆开始寻求外部的服务资源缓解发展中面临的困境，解决人力和物力不足的状态，进一步强化图书馆核心业务能力，提升图书馆整体服务水平。因此，图书馆与馆配商的合作也从单一的图书采购逐渐过渡为图书编目加工、图书上架等系列业务。

　　从国内来看，20世纪80年代以后，国家对文化事业越来越重视，对文化事业逐步加大了投入，国家对图书馆进行的评估逐渐展开，图书馆的馆舍面积不断增加，纸质图书、期刊和电子文献资源的需求持续增长，同时读者的差异化和多样性的需求对图书馆的文献资源服务提出了更高的要求。图书馆有更好的服务和发展，不仅要注重场馆设施等硬件设施的建设，还得应注重资源和服务的配套。这种需求不断增加的状态，使得图书馆也产生强烈与馆配商合作的意愿，通过双方的合作来降低成本、提高效率，以便更好地满足读者的需求。供应商不断寻求新的经济增长点，也成为图书馆与图书供应商合作深化的重要驱动因素。20世纪90年代，我国的民营图书供应商并没有图书总发行权，在市场竞争中无法与新华书店享有同等的身份，在图书零售和批发领域的利益基本被新华书店垄断。为了获得经济利益的增长，民营图书供应商想方设法积极开拓市场，挖掘图书馆用户的需求，由此开启了和公图书馆的合作之旅。21世纪以后，随着招投标管理办法在教材采购领域的应用，新华书店逐渐失去了在教材市场竞争的优势，转而在图书馆馆配市场当中争夺市场份额，经济利益的驱使使图书供应商更加注重与图书馆的合作。

除了图书馆业务流程重组后产生的对业务外包的需求和图书供应商经济利益的驱使等因素外，图书供应商在数据服务和技术加工方面服务能力的提升，也成为图书馆与图书供应商关系合作深化的重要驱动因素。20世纪60年代以来，纲目选书成为一种常规图书采购方法，协助图书馆编制纲目和进行培训。当书商被选中后，书商派出专家协助图书馆员进行纲目的制定工作。书商还要对图书馆员进行培训，使他们能够了解和学会使用书商的数据库。如马里兰巴尔的摩县大学图书馆与布莱克维尔图书公司（Blaekwell Bookserviees）共同制定的纲目。

国外书商为图书馆用户提供的数据服务包括临时记录、MARC记录和MARC添加记录。网络的发展使得许多工作程序趋于标准化，社会分工因此重新分配，人力资源也趋于优化，书商给图书馆提供的服务也越来越多。除了提供数据服务外，书商还可以根据用户需要提供各种技术加工服务，包括条形码、编目卡片和书标、馆藏章、磁条、精装或加硬封、借书期限卡、书袋和护封等。对于这些技术加工服务，质量控制通常是非常重要的，特别是加工任务转到了图书馆以外，质量控制就显得更为重要了。书商提供的这些技术加工服务需要图书馆的配合，图书馆与书商进行交流和沟通是保证技术加工质量的核心。当然，书商为图书馆提供的这些服务需要收回最低的成本。

三、馆配商与图书馆合作制约因素

根据供应链组成系统中各要素的合作关系研究观点，供应链体系中的各组织容易因伙伴间的合作、信任与良好交流、对变化的适应性、组织的获利能力等因素，影响供应链的合作绩效和合作关系的持续。作为供应链组成要素的图书供应商和图书馆的合作关系也会受到很多因素的制约，如双方的合作态度与意愿、彼此之间的信任程度、双方的沟通效率及供应商的服务能力等。

图书供应商和图书馆双方之间的合作态度，对于双方的关系影响深远。高效优质的供应链合作关系，首先建立在合作双方端正的合作态度之上，端正的合作态度才能保证图书供应商同图书馆之间保持良好的沟通关系，进而逐渐建立相互信任的关系。除了端正的态度外，双方还需要有非常强烈的合作意愿，对双方合作目标有着共同的认识，愿意对合作过程当中存在的问题进行有效的沟通协调，以保证合作关系的持续。

合作伙伴之间的信任是供应链合作关系的重要因素，合作双方在没有监督的情况下，不会擅自采用机会主义投机行为达到利己的目的，在做出任何决策之前都会考虑对合作伙伴产生的影响。图书供应商与图书馆之间的信任能够有效促进双方合作关系健康持续发展，可以有效提高供应链合作效率，促进双方的合作关系不断升级，从单一业务向多元业务过渡，从技术合作向战略合作转变，合作关系从操作层面向战略层面过渡。在实际的合作中，存在过图书供应商无法履行合同约定，保质保量地为图书馆提供所需图书而终止合同的情况，也出现过图书馆没有履行合同按时付款，长期拖欠图书供应商书款的情形，这都给双方的合作带来了障碍。除了彼此的信任之外，合作双方还需要进一步深入沟通了解，通过沟通，图书供应商更加了解图书馆的需求，图书馆也能够更加客观公正地去评价图书供应商的服务能力，对合作过程中的问题也能够及时发现并有效解决。

图书供应商的供应能力也是制约图书馆与供应商合作的重要瓶颈。供应商的供应能力包括供货能力与服务能力，具体来说是包括图书供应商对书目信息的收集能力、供应链业务流程的管理能力、企业的产品研发能力及售后技术能力。图书供应商的能力直接决定着它与图书馆合作的深度和层次。20世纪90年代，因为民营图书供应商的服务能力不强，所以图书供应商与图书馆之间的合作主体相对单一，合作层次相对较浅。2003年以后，全国图书市场全面开放，各大图书供应商共同争夺馆配市场，在激烈的市场竞争中各自都不断提高自身的能力。图书供应商不仅能够提供图书配供单一服务、数据处理、技术加工等业务，甚至承担了一些其他的图书馆管理服务外包工作，双方合作内容逐渐丰富，合作关系进一步加深。

四、图书馆跨界融合的发展趋势

前面我们已经分析过图书馆在"互联网+"时代所面临的机遇与挑战，正是有着这样前所未有的机遇，图书馆才必须改变管理模式和服务策略，紧紧依靠"互联网+"技术，加强基础设施建设，强化信息资源建设，引进具有"互联网+"思维的专业技术人员，推进图书馆的整体发展。在"互联网+"背景下，跨界合作是人们谋求创新、推出新产品和提供新服务的常用方法。"互联网+"的发展，使得信息资源具有广泛性，而且传播速度较快，人们不再单一地依靠图书馆来获取信息，满足了人们多元化的信息需求，有效地推动了图书馆信息资源的整合，以及服务模式的改变。

关于建立在移动互联网技术上的"互联网+"，大的逻辑是用互联网技术与思维去改造传统产业，连接一切是其主要方式，但核心是去中心化、去平台化。互联网时代意味着很多变革，不论变革如何，人类社会始终需要一个社会机构来承担存储社会记忆的职能，这是图书馆存在的理由，也是图书馆不可替代的社会功能的基础。面对信息环境的改变，图书馆应根据时代与社会的需求，适时调整图书馆的发展方向，加强图书馆的管理与服务，加强图书馆与其他行业的融合发展，寻求图书馆发展的新思路。

互联网跨界融合的创新浪潮已风靡经济社会各行各业，互联网与传统行业的整合重塑更是席卷全球，以跨界融合为显著特征的"互联网+"时代已经到来。信息资源共享已然成为互联网时代转变发展方式、促进产业升级的重要动力。在"互联网+""融合、创新、开放、链接"思维模式的推动下，社会各界不同行业之间的跨界交流稳步推进，这给图书馆的服务带来了深刻的影响。"互联网+"环境下，信息服务的环境与用户的信息需求都发生了明显的变化，图书馆传统的服务模式无法适应新信息环境的变化，图书馆必须打破原有的思维模式，根据用户不断增长的信息需求，依托"互联网+"思维模式，采取新的措施逐步实现跨界融合。

（一）开展跨界融合是图书馆信息资源共建共享的需求

图书馆作为文化知识的集散地，在传播人类文明与科学文化知识、开展文化教育活动方面具有重要的作用。"互联网＋"时代，知识传播的途径逐渐增多，而信息的成本有所下降，人们的阅读方式与习惯也发生了变化，为迎合民众的阅读习惯，信息资源共建共享已成为一种必然趋势。要在全社会范围内实现信息资源共建共享，图书馆就必须转变服务策略，与社会其他行业实现跨界融合。

（二）开展跨界融合能够促进图书馆服务创新

随着信息技术的飞速发展，用户对信息服务的需求也越来越多样化，仅仅靠图书馆是无法获取内容丰富的文化知识的，也根本适应不了"互联网＋"时代所带来的新变化。图书馆作为重要的文化服务机构，要想参与到文化服务事业当中，就必须与社会各界的信息机构进行协同合作，才能将图书馆的职能发挥到最佳。图书馆通过与社会其他信息机构的跨界融合，能够将不同行业的人力、技术等资源进行整合，实现不同行业元素的渗透融合，进而提升图书馆的专业技术水平，促进图书馆业务的标准化建设，推动图书馆事业的良性发展。

（三）开展跨界融合，是与社会其他行业合作共赢的需求

"互联网＋"时代，图书馆需要突破传统的服务模式，大胆地走出去，与社会其他机构进行跨界交流，行业之间通过优势互补、各取所长，这样才能扩大信息资源的传播范围，实现合作共赢。

图书馆在"互联网＋"技术与思维的推动下，加快了向数字化时代的复合型图书馆转型的步伐，通过与其他看似不相干业务的行业进行合作，将双方的信息资源、技术手段、服务能力等融合在彼此的管理与发展中，通过优势互补，产生新的服务亮点，拓展服务范围，提升服务效能。图书馆通过联合不同的行业主体，以某种形式的合作，搭建开放、互动、服务读者的新平台，共享彼此资源，不仅能够有效降低成本、提高效能，还能推动传统业务的转型升级，促进事业发展，从而在新的环境下更好地实现图书馆的社会职责。总之，图书馆实行跨界合作不仅有利可图，而且势在必行。纵观我国图书馆的发展，虽然取得了长足的进

步，但是尚停留在局部变革的层面，如文献的数字化、手机图书馆、微博微信和微信公众号（两微一端）服务等，是人与人的互联或线上与线下的互联，而无法像德国康斯坦丁大学那样对图书馆进行人机互动的通体革命，在物理空间与虚拟空间上没有做到深度融合，整体上没有形成高度的统一。因此，图书馆必须创新发展理念，结合本馆的发展实际，不断实践，与时俱进。

随着信息社会的不断发展，图书馆在未来将发生翻天覆地的变化，它不仅是文献信息中心和人们的学习中心，还将是人们的休闲中心和交流中心。在推动信息化过程中，图书馆要紧跟"互联网+"的步伐，对图书馆的管理和服务模式进行重新审视，以基础建设和技术应用为主，逐步提升图书馆员的信息素养，逐渐提高图书馆的服务能力，不断满足用户日益增长的信息需求，继续发挥信息技术的引领作用，引领未来图书馆发展的高级形态。

第二节　跨界融合中的图书馆数字资源建设

一、跨界融合对图书馆数字资源建设的影响

（一）跨界融合对图书馆资源建设的推动作用

随着社会各界的不断渗透、融合，传统的图书馆发生了巨大的变化，信息的数字化及跨界整合，推进了图书馆的发展速度。尤其是网络信息化的不断发展，促使图书馆努力融入互联网，因此，图书馆的服务模式发生了巨大的变化，传统图书馆的借阅服务及文献查询服务等正逐渐被新技术、新手段所代替。移动互联网技术出现后，用户对信息资源的种类和要求不断提高，尤其是人们阅读方式的变化，促使图书馆不断改进服务模式，加强管理。

1. 跨界融合丰富了图书馆的馆藏资源

传统图书馆的文献资源主要是通过图书馆员的收集、采编、加工而形成的，但是在"互联网+"时代，图书馆的文献信息资源结构发生了变化，除了以实物形式存在的纸质资源，更多的是存取方便的数字资源，其一跃成为图书馆提供信息服务的重要基础。随着信息社会的深入发展，网络信息资源拥有程度将成为衡

量一个国家综合国力的一项重要指标。

2. 跨界融合改变了图书馆的服务理念

跨界融合作为图书馆未来发展的新出路，对图书馆的服务理念产生了强大的影响。这就要求图书馆必须建立跨界思维，这样才能打造图书馆服务新境界。尤其对于图书馆管理者而言，需要超越本位、换位思考，以打造利益共同体为目标，以开放共享促融合共赢。

3. 跨界融合提升了图书馆的服务能力

"互联网+"促进了各种行业及各种媒体之间的融合，移动数字图书馆就是媒体融合下出现的新形式。移动数字图书馆借助移动通信技术，以及网络架构技术等，服务内容比较多元化，可以灵活自如地通过移动终端查询信息，突破了时空限制，为广大用户提供了丰富的信息资源服务，尤其是一些专业性、人性化的信息服务更是得到了用户的青睐，满足了用户的各种信息需求。

4. 促进了图书馆信息资源的整合

"互联网+"为图书馆带来了新的发展环境。随着信息量的增加，用户对信息服务的需求逐渐多元化，这对图书馆的信息资源建设提出了更高的要求。图书馆要想满足用户的多元化信息需求，就必须加大对资源的整合力度，尤其要重视资源整合的横向广度和纵向深度，这样才能为用户提供更加合理化和人性化的信息服务。图书馆在进行信息资源融合时，一定要根据用户需求，将不同类型、不同存在形式的资源进行创造性的整合，形成一个全新、系统的有机整体，才能为用户提供更加优质、高效的信息服务。

（二）跨界融合对图书馆数字资源建设的意义

"互联网+"时代，数字资源在图书馆文献资源建设中占有重要作用，是图书馆文献资源保障体系中不可或缺的主要部分。在互联网快速发展的今天，各种数字资源的推送方式比较多样化，传播速度更快速、更便捷，图书馆如何以可视化的形式将大量信息呈现给用户，用户如何在海量信息中快捷地获取自己所需的信息资源，这是图书馆数字资源建设的主要任务。随着用户对数字资源需求的增加，图书馆不断加大对数字资源的建设力度，通过资源共建共享，争取为用户提供更加全面、优质的信息服务。

1. 扩大了图书馆数字资源的范围

"互联网+"时代的到来，促使图书馆加大了对文献资源的采购力度，尤其是数字资源的采集，除了涵盖传统图书馆所拥有的资源外，还将一些信息量大、社会关注的热点等都囊括其中。另外，增加对数字资源的深度挖掘和分析，加强对图书馆数字资源的深度加工，以形成各类有用的信息，提升图书馆信息资源的应用和共享能力，真正扩大数字资源的范畴。图书馆利用"互联网+"思维和理念拓展数字资源的建设，有利于推进图书馆建立更加丰富完整的资源体系，也可以为优化该体系提供更加优质的资源，提升服务能力，推动图书馆的融合发展。

2. 加强图书馆网络设施建设

图书馆网络建设主要是以计算机为平台，为用户提供图书借阅、馆藏和数据查询，以及馆际互借和文献传递等，但是"互联网+"所带来的大量信息，在做数据处理时需要较强的数据采集和储存能力，以及较强的计算机能力，因此，这就需要图书馆有足够大的IT架构。由于"互联网+"时代海量信息的不断增加，信息的类型也十分繁多，这对图书馆能够支持和处理数据的硬件设施也提出了更高的要求，因此，图书馆必须适时调整功能结构，提高对网络资源的利用。

3. 促进图书馆纸质资源的数字化

图书馆所拥有的大量纸质文献，如图书、期刊、报刊等，在"互联网+"时代信息数字化的趋势下，其利用率逐渐下降，图书馆也失去了信息中心的地位。为了更好地向用户推送信息资源，许多图书馆都尝试将本馆的纸质资源逐步进行数字化建设，通过网络共享，为用户提供更加便利的资料检索和借阅服务。

4. 提升图书馆的服务能力

图书馆数字资源范畴的不断扩大，为用户提供了更加便捷的服务，而且通过对数字资源的深度挖掘分析和加工，创新了图书馆的服务模式，为向智慧型图书馆转变提供了分析和决策依据。

二、"互联网+"背景下图书馆数字资源建设策略

"互联网+"的核心在于实现虚拟与现实空间的融合，以业务重构与流程优化推动传统行业发展创新。在"互联网+"的推动下，面对开放的信息环境，图书馆应积极转变观念，建立新的思维理念，抓住用户信息需求的变化，借助互联

网平台，对馆藏资源和网络资源加以整合，通过资源共享实现图书馆的跨越式发展。

（一）图书馆数字资源整合策略

网络信息资源的涌现，拓展了图书馆的信息资源空间，改变了图书馆的服务模式，为用户获取信息提供了方便。但是，面对数据庞大的海量信息，用户一时间无从下手，因此，这就需要图书馆加大对数据资源的整合，为用户提供一套行之有效的信息获取方式。数字资源整合则是指资源优化组合的一种存在形态，是依据一定的需要，对各个相对独立的数字资源系统中的数据对象、功能结构及其互动关系进行融合、类聚和重聚，重新结合为一个新的有机整体，形成一个效能更好、效率更高的数字资源体系。对数字资源进行整合的目的是，为了将各种信息资源进行加工组织，以有序的方式为用户提供方便的检索、利用等。"互联网+"时代的到来，促使了数字资源的急剧增加，不断向用户提供新的数字资源，扩大了用户信息获取的渠道。但是，大部分图书馆的资源系统是封闭式的，这使得用户在获取信息资源时有一定的难度，主要是因为不同类型的信息资源在组织方式、存在形式及检索途径等方面都不同。因此，互联网环境下图书馆必须进行资源整合，尤其在资源建设方面一定要突出特色，加强纸质资源与数字资源的协调发展，同时，要合理规划空间布局，实现资源转型，提升服务能力。在资源整合过程中，要坚持"创新、协调、绿色、开放、共享"的发展理念，从自身水平出发，结合本馆的发展实际，积极推进图书馆的创新发展。

通过数据整合、信息整合、知识整合，优化各种资源，将数字信息资源整合为一个有序的新的整体，方便优化检索利用，提高它们的易用性。首先，应统一数字资源整合的规范与标准，便于检索与利用；其次，加强以"开放的公共查询目录"（Open Public Access Catalogue，简称OPAC）系统为基础的数字资源检索系统的可操作性，提高用户对数字资源的利用率，以及对图书馆数字资源服务的认可和满意度；最后，关注地区的一些龙头产业和部分高校的学科建设，建立和完善图书馆专业数据库及特色数据库，方便用户检索，为用户提供参考咨询服务。

（二）图书馆数字资源优化策略

图书馆作为文献信息的中心，其馆藏量非常大，尤其是传统图书馆在对数字信息资源管理的过程中，其管理体系相对较为单一，导致其资源出现了浪费现象。互联网时代，数字资源建设种类比较多，在优化处理过程中肯定存在着一定的差异，比如概率统计、回归分析等技术方法的应用，推动了信息资源建设的科学发展。

随着数字资源的快速发展，图书馆不断加强网站建设，逐步融合高端的信息技术与网络技术，拓展图书馆的业务和服务内容，尽可能地为用户提供更加快捷高效的现代化方式阅读平台，从而提高图书馆文献资源的利用率，实现文献资源的优化管理。"互联网+"环境下，图书馆用户在信息获取方面希望获得的信息内容新颖、来源丰富、种类完善，这就对图书馆的信息服务提出了更高的要求。

1. 馆藏信息资源的内容结构要合理化

图书馆的文献资源主要以印刷体为主，因此，在"互联网+"背景下，图书馆要具体分析本馆的文献特色，选择流通量大、利用率高的资源进行数字化建设，根据服务资源、服务项目分门别类地进行科学安排，要有助于用户迅速准确地查找与利用。这还需要图书馆及时进行更新信息资源内容，将最新的信息动态展现给用户，便于用户及时获取。

2. 加强跨界融合下的信息交互能力，加强图书馆与用户之间的互动性，提高用户对信息资源的利用

信息资源共享一直是我国图书情报界和信息管理界关注的重大课题。近年来，图书馆通过与各行各业之间的跨界合作，逐步实现了信息资源的共建共享，推动了数字图书馆的发展。

3. 借助互联网平台，为用户提供个性化订阅推送服务

"互联网+"背景下，图书馆不再被动地为用户提供服务，而是根据用户对信息资源的需求，利用微博、微信公众号和移动图书馆为用户提供个性化的订制服务，有利于信息资源的传播，也方便了广大用户对资源的获取。

4. 加强数字资源的信息化管理，争取技术支持

随着互联网的迅速发展，图书馆中的数字资源管理逐渐趋于信息化，为整个资源的保存提供了技术支持。近年来，在国家教育部的领导下建立的中国高等教育文献保障系统（CALIS），就是通过把先进的数字技术手段与高等院校丰富的文献资源整合起来，实现信息资源共建、共知、共享，使其发挥最大的社会效益，对中国的高等教育来说，CALIS在一定程度上实现了数字文献资源的共享。

（三）图书馆数字资源保存策略

网络信息技术的快速发展，使得数字资源的获取变得十分方便，而且容易传播，但是海量信息的猛增，更新速度之快，给图书馆的自动化管理，以及如何保存和利用这些数字资源造成了一定的难题。目前，许多图书馆的存储空间小，存储载体退化，图书馆自动化系统基本架构于普通的服务器，加上技术的更新等因素，都对图书馆数字资源的存储形成了不利影响，限制了图书馆的服务和管理。针对上述存在的诸多问题，图书馆必须采取相应的措施，妥善解决数字资源的保存问题。"互联网＋"时代，图书馆充分利用各种渠道增强信息共享，提高了资源的利用率，为数字图书馆的构建和信息资源采集开拓了一种全新的形式和途径。数字资源的开放存取是数字资源发展到一定阶段的必然产物，推动了图书馆的发展与进步。资源存取程度及共享程度是权衡数字图书馆在业务开展过程中，开放存取实现程度的核心指标。数字文献资源的储备及开发也是实现我国数字文献资源优化保存的重要组成部分，可以为社会的经济发展奠定良好的基础。

随着现代信息技术的发展，图书馆技术条件与手段的改善，数字化信息资源越来越多，服务形式也逐步地由基于物理馆舍的服务转向基于网络的服务。因此，数字化信息资源作为图书馆网络信息服务的主要基础，对它的有效存储与管理就变得越来越重要。

1. 加强对数字资源的管理

面对不断增加且数量庞大的数字资源，图书馆应当合理规划这些资源的存储问题，就资源存储的有效范围及具体的时间期限，进行选择性的整理、保存和利用。同时，要考虑到不同年龄段用户的知识层面、兴趣爱好等特征，对数字文献资源进行系统性的储存。国外一些国家级图书馆早已通过对资源信息分析及综合性的权衡将数字资源规划成永久保存级、服务级、镜像级和链接级这样四种等级。对国内而言，可以根据数字资源的学科类型、应用范围等进行存储，这样不仅可以提高数字资源的利用率，也可以保证数字资源存放的安全性。在实际应用中，可以综合评估本馆数字平台的存储容量及资金问题，灵活安排数字资源的储存等级，确保信息资源的增长能够满足特定时期特定范围的需求。通过对数字资源的管理，可以实现数字信息存取的便利性，提高数字资源的利用率。

2. 提高数字资源存储的技术水平

信息技术的日新月异，推动了不同媒体之间的融合与发展，对图书馆数字资源的建设带来了深刻的影响，尤其对数字资源存储的技术提出了挑战。由于各级各类图书馆数字资源存储体系和软件的不同，对资源的存储和检索造成了混乱，不利于图书馆资源的共建共享，阻碍了用户对资源的获取。对此，图书馆在数字资源管理和应用中，应规范数字资源格式，采取统一的形式，既有利于信息资源的交流，也有助于对数字资源的保护，提升其利用率。另外，互联网技术的发展，也滋生了计算机病毒、木马系统等破坏数字资源的不良问题，加上信息技术的更新、变迁等对资源的获取也带来了一定的困扰。"互联网+"时代，信息资源存储的安全问题十分重要，这要求图书馆必须提高技术水平，加强对数字资源存储的安全防护，创建和完善适合数字图书馆全面综合的安全防护方案，对访问数字图书馆获取数字资源的广大用户展开用户认证，以及给特许用户实现合适的特殊访问权限，也可以对部分数据进行加密处理，防止不法分子非法盗取。同时，不断完善图书馆信息资源的存储制度，提高数字资源的可靠性和稳定性。

3. 加大数字资源建设力度

图书馆数字资源的保存是一项长期繁杂的工作，保存过程也需要大量的资金投入，有了稳定的资金支持，才能保障数字资源的长期存放与发展。目前，我国大多数图书馆的建设资金基本来源于国家财政，以及部分出版商的赞助，有限的资金阻滞了数字资源的发展和利用。为了强化数字资源的保存，需要从各个方面加强和完善资金支持，了解科学合理的资金需求，在资源购买和利用方面避免浪费和重复购买。

三、"互联网+"时代图书馆数字资源融合的保障机制

数字资源融合是互联网环境下图书馆数字资源集成、整合与共享发展的新趋势，是图书馆资源建设的一次重大突破与创新，但是图书馆在数字资源融合过程中面临着诸多现实问题，而这些问题的解决方法与措施则是图书馆数字资源融合研究的重要内容和发展方向。

图书馆作为文献信息资源中心，在人们的学习、工作及能力提升方面具有重

要的作用。但是，随着"互联网+"时代的到来，人们对图书馆各种资源的利用率却出现了逐年递减的趋势，对图书馆的文献资源建设形成了巨大的冲击。在数字化阅读时代，图书馆如何应对信息技术发展所带来的改变，是目前图书馆亟须解决的问题。对此，图书馆必须以积极创新的方式，加强文献资源建设，提升服务能力，才能促进图书馆的长远发展。

（一）转变观念，积极调整文献资源采购方式

"互联网+"时代的到来，不仅带来了技术的变革，更带来了思想观念的变革。随着互联网与社会其他行业之间的融合发展，信息公开、资源共享成为互联网时代不可阻挡的趋势，极大地方便了人们对信息的利用，这成为图书馆数字资源融合发展的前提。转变思维观念，就必须抛弃之前一些落后的办馆理念，重视广大用户体验，培养具有"互联网+"思维的专业图书馆员，提高图书馆馆员的整体素质。

目前，有一大部分的图书馆为了充实馆藏，保证最大限度地满足用户文献信息需求，加大了文献资源的采购力度，但是却忽略了文献资源建设的针对性和指向性，并没有从根本上提高文献资源的利用率。对此，图书馆必须根据用户的需求和学科特点，调整文献资源采购方式，优化馆藏结构，提高文献资源质量。图书馆还须成立专业的文献资源采购人员。通过专业的培训，积极培养"互联网+"思维，提高文献资源采购人员的素养，以及在数据采集、处理与分析等方面的能力，形成以图书馆为核心的学科化文献资源建设模式。同时，图书馆必须改变传统的采购方式，设置采购评价系统，强化用户在采购中的作用，从根本上改变文献资源建设的流程，提高文献资源采购的针对性。大多数图书馆与书商、出版社合作，强化文献资源采购的针对性和效用性，为用户提供各种便利。

（二）完善法律，加强资源管理

法律法规是促使图书馆数字资源融合更具合法性和保障图书馆数字资源融合顺利进行的制度保障。由于我国到目前为止还没有一部真正的图书馆法，在数字资源融合过程中，比如知识产权、信息安全、用户隐私保护等都存在着问题，图书馆必须与有关政府部门协商，制定出相关的法律法规体系，保护数据安全与用户隐私安全，为图书馆数字资源的融合发展提供法律保障。同时，图书馆数字

资源的融合发展还需要一个强有力的领导机构及政府的支持。图书馆还要从各个方面考虑加强管理，实施统一的标准，对数字资源融合进行合理的规划与科学布局，通过创新激励制度，提高图书馆员的积极性与参与性，保证数字资源融合的顺利进行。当然，还需要培养一大批与时俱进的专业性人才，这是图书馆工作展开的重要保障，是图书馆数字资源融合发展的重要支持。

（三）合理配置纸质资源与数字资源

"互联网+"时代的到来，使信息的数字化、全球化特征越来越明显，海量信息的涌现以及获取途径的多样化，使用户的需求呈多元化发展。"互联网+"时代，改变了人们的阅读习惯，人们不再单纯地从书本上获取信息，数字图书、视频、有声图书等成为现代社会人们阅读的主要形式。因此，许多图书馆都积极调整本馆的馆藏结构，适度改变纸质资源与数字资源的比例，加大数字资源的建设力度，提高数字资源的专业性和质量，以此满足信息时代人们的不同需求。

图书馆在文献资源建设方面，只有使纸质资源与数字资源相互补充、相互依存，才能促进图书馆的发展。

（四）加强特色数字资源建设

自建特色资源库是图书馆数字资源建设的重要组成部分，也是图书馆提供个性化服务、增强特色数字资源的重要手段。特色馆藏数字资源具有不可替代性，对每一个图书馆来说都是独一无二的，因此，加强建设图书馆特色数字资源就显得十分重要。目前，许多图书馆非常重视本馆的特色资源建设，而且资金投入力度也不断加大。但是很多图书馆尤其是高校图书馆的特色资源库不对外开放，共享程度低。另外，馆藏资源的数字化工作难度大，加上数据备份，对图书馆工作者提出了更高的要求。

（五）培养人才，改进技术

能够适应新环境、具有"互联网+"思维的专业性人才是图书馆数字资源融合开展的重要保障。"互联网+"时代，信息的快速发展对馆员能力和素养提出了更高的要求，除了具备基本的信息资源处理能力外，还需要具备数据挖掘与分析、应用等能力。有了专业化的人才队伍，就能为用户提供个性化的信息资源服务，才能为图书馆数字资源的建设提供技术支持，解决数字资源在信息存储、数据安全等方面的问题，不仅能够增强该馆的核心竞争能力，而且可以提高图书馆的整体层次，为图书馆的发展赢得新空间。

（六）建立并完善信息资源共享平台

"互联网＋"时代数字化、信息化的发展，使得跨界融合、资源共享成为一种趋势。国家和政府部门对数字图书馆的建设越来越重视，期望通过构建新的信息资源共享平台，将图书馆的资源更好地呈现给用户，提高资源的利用率。但是，信息资源共享平台的建立需要大量的资金，全靠政府拨款很难支持数字图书馆的发展，对此，图书馆在争取财政支持的同时，要加强与数字资源商等之间的合作，建立一个可以容纳不同类型信息资源的共享平台，可以使用户获取异地或国内外其他图书馆的信息资源，这样既减少了图书馆的开支，也提高了信息资源的利用率，避免了重复建设。

图书馆作为信息资源传播和推广的平台，其资源的建设和有效的利用非常重要。在互联网快速发展的今天，图书馆的文献资源建设一方面应该善于集中各方面智慧，重视专业化智库的建设；另一方面，应该借鉴西方专业智库发展的经验，为我国各类智库的发展提供信息保障。同时，图书馆应顺势而为，借助新媒体与新技术不断进取，重新构建图书馆的发展思路，培养具有"互联网＋"思维的新型人才，才能不断推进图书馆的发展。

第三节　跨界融合中的图书馆阅读推广

阅读是人民群众最基本的文化权利，也是最为普遍、最为持久的文化需求，关系到个人与整个国民思想道德素质的提升，是国家文化软实力的重要体现。阅读在一个人成长过程中的影响也是十分明显的，一本好书有时候能够改变人的一生。莎士比亚曾经说过："生活里没有书籍，就好像没有阳光；智慧里没有书籍，就好像鸟儿没有翅膀。"在不断推进社会发展、建设创新型国家和学习型社会的今天，阅读有着不可替代的作用。我国政府十分重视人民的文化素养，积极倡导全民阅读，努力建设学习型社会。

近年来，随着"互联网+"的快速发展，以及现代化公共文化服务体系的构建，广大用户的阅读需求日益多元化，阅读资源也主要以数字化、网络化呈现，这为图书馆阅读推广活动开拓了新的领域，也提出了新的机遇与挑战。在这一环境的影响下，我国的阅读推广活动全面展开。图书馆作为文献信息资源的集散地，阅读环境比较好，人文气息和学习氛围相对浓厚，加上专业的服务团队，十分有利于开展阅读推广活动。图书馆是一座城市的文化地标，是一座城市服务创新的平台和共享知识信息的枢纽。当前，图书馆事业面临前所未有的大好机遇，如何创新体制机制，拓展服务功能，真正把图书馆传播现代文化、促进全民阅读的功能发挥好，为构建新业态下的现代公共文化服务体系做出贡献，是每个图书馆工作者义不容辞的责任。

一、"互联网+"对图书馆阅读推广的启示

作为信息能源的"互联网+"，一直在潜移默化地影响着我们的世界，从信息闭塞到互通有无，"互联网+"将我们的世界变成了真正的"地球村"，在提高社会生产力和综合国力方面发挥着重要作用，对社会的生产方式及人们的工作、学习、生活方式等方面影响深远。实施"互联网+"行动计划，是国家"十三五"规划的重要内容，无论是传统行业还是新兴行业，都将会借助"互联网+"这一平台实现各行业的跨界融合，实现自身体系的升级和转型。"互联网+"最主要的思维模式是融合、创新、互联，这一全新的思维模式推进了不同行业之间的跨界融合，使信息技术的应用突破了时空的限制。"互联网+"的发展，为人们带来了丰富的信息资源，信息服务内容、手段和方式也不断改进，这对图书馆的管理形式和服务模式都产生了影响，推动着图书馆各个方面的改革和创新，促使图书馆全面提高服务质量和水平，实现图书馆的转型发展。阅读推广活动作为图书馆服务中的重要一环，在引导用户阅读、获取信息等方面起了重要的作用。在"互联网+"这样一个开放、平等的全新时代，人们的阅读需求日益多元化，阅读习惯发生了深刻的改变。"互联网+"时代，阅读推广作为以培养一般阅读习惯或特定阅读兴趣为目标而开展的图书宣传推介或读者活动有着新的特征，尤其是"互联网+"背景下各种媒体的跨界融合，为图书馆阅读推广活动提供了全新的启示。

首先，"互联网+"的发展改变了图书馆的外部环境，图书馆文献信息资源中心的主体地位受到了前所未有的冲击，图书馆不再是一个独立的服务部门，"互联网+"将推动图书馆的"去中心化"模式，拓展了图书馆服务的时间和空间，改变了用户对图书馆的依赖程度。对于"互联网+"理念，图书馆要以积极的心态，主动适应整个社会"互联网+"化的大环境，研究"互联网+"下图书馆存在的新情况、新问题，加快与"互联网+"的对接融合，对图书馆进行革命性的改造，形成新型的管理和服务。

其次，图书馆的工作方式、服务模式也受到了冲击与挑战，图书馆必须创新管理、创新服务、创新理念，才能跟上时代发展的潮流。"互联网+"时代，图书馆必须加强馆员对"互联网+"知识的学习和相关技术的掌控，从图书馆的实际情况出发，做好图书馆知识服务的转型与突破，不断拓展和创新发展空间，大力发展属于图书馆自己的"互联网+"事业。

再次，"互联网+"的发展，改变了知识传播的途径，以及知识发布的平台和评价体系。由于各种新媒体的涌现，以及数字资源的飞速发展，人们不再单纯地借助图书馆来获取知识信息，这促使图书馆要积极转变服务理念，改变服务方式，以更加开放的理念去面对新的变化，通过与不同行业的渗透融合，推进图书馆各方面的改革与创新，全面提高服务质量和水平，不断开拓新领域进行阅读推广。只有明确了用户的阅读需求，准确把握阅读推广活动的方向，才能将文献资源精准地推送给每一位读者，最大限度地满足用户的个性化需求。

最后，"互联网+"的发展，虽然对图书馆产生了重要的影响，但它不是对传统图书馆的一种简单替换，图书馆的本质职能没有改变，只是从新媒体的角度出发，尤其是以微博、微信、移动图书馆等为代表的社会化媒体，打破了传统阅读推广活动的时空限制，使阅读推广活动走向更广阔的领域，实现图书馆阅读推广活动的跨越式发展。在"互联网+"理念的引导下，图书馆不断提高工作效率，优化服务体系，逐渐实现图书馆的转型与发展。

二、跨界融合下的图书馆阅读推广路径

阅读推广作为图书馆界促进全民阅读的手段和动力，在新的形势下更具有积极意义。用户的阅读行为和需求，在"互联网+"的影响下发生了深刻的变化，

作为图书馆诸多服务中的一项基本服务的阅读推广，其推广内容、推广对象、推广手段等，都必须围绕着用户的需求而展开。因此，图书馆都在通过形式多样的方式方法，加大阅读推广的工作力度，制订各种阅读计划，关注不同群体，联合不同平台，纵横结合，发挥主阵地和主力军作用。一方面，通过开展丰富多彩的读书活动，有针对性地开展阅读推广，深度介入家庭教育、学校教育和社会教育全过程，分层次开展阅读推广活动；另一方面，以合作机制为纽带，整合公共图书馆、高校图书馆、文化教育机构、媒体平台、大企业等社会力量，组建阅读推广联盟，制订整体规划，以新技术、新创意为手段，拓展阅读推广领域，形成有力的阅读推广网络。

（一）重视阅读推广活动的三要素，明确主旨

阅读推广活动的途径，涉及推广的主体、客体、对象三个方面。图书馆作为文献资源的集散地，是阅读推广的主要主体，其他各级单位及相关部门能够参加开展阅读推广的，都可以成为辅助主体，而客体一般指的是图书馆全部可以阅读的资源，对象主要指的是所有能够参与阅读的广大用户。这三者之间相互关联、相互促进。所以，图书馆（主体）需要根据自身的能力和优势，通过从阅读资源（客体）和读者（对象）角度深入分析来设计阅读推广途径，是理清阅读推广思路的必然选择。阅读推广主体作为阅读推广活动的策划者和组织者，在整个阅读推广活动中具有十分重要的作用，不但能够影响阅读推广对象的阅读态度，而且对整个阅读推广活动的实施都有着重要的影响。除此之外，在阅读推广活动中，必须主题明确，定位准确，还要有既定的目标和鲜明的特色，这样才能激起广大阅读对象的阅读兴趣。比如英国的"阅读起跑线"计划是世界上第一个专为学龄前儿童提供阅读指导服务的全球性计划，其主旨就非常明确。

（二）以用户为中心，转变服务方式

阅读推广作为图书馆的一项基本服务，但仅凭自身的力量难以取得有效的效果，可以与出版社、数字资源厂商、书店及其他行业等进行联盟，通过跨界整合，实现对资源推荐的一站式服务，最终实现协同效应，以此来推动阅读推广活动的不断创新与发展。在阅读推广活动中，可以利用传统阅读方式与新媒体阅读方式相结合的办法，满足用户的多元化信息需求，尤其要利用"互联网+阅读"

这种模式的优势，为读者提供更加舒适的阅读体验。

（三）拓展服务平台，扩大影响力

"互联网+"时代的来临，使得数字资源的种类越来越丰富，人们选择阅读方式的权利也越来越多样化，图书馆想吸引更多的读者来阅读，就需要打造一种包容万象的"全渠道阅读平台"，即可以包容手机、平板电脑等阅读终端的平台。面对读者的阅读需求，图书馆有必要不断完善数字阅读服务，加大力度投放和推广电子阅读器，并且应该根据时代发展的需要，升级阅读服务平台，将数字化信息平台最优化，向读者传达更丰富的阅读资源，提升读者的阅读体验。同时，图书馆还应与其他新媒体平台进行充分的融合，充分利用互联网技术和各种新媒体平台，通过对线上线下资源的有效整合，开展丰富多彩的阅读推广活动，为读者提供全方位的阅读体验服务。

（四）紧跟"互联网+"发展潮流，丰富服务内容

"互联网+"时代，社会节奏不断加快，生活压力比较大，而信息的多样化又使人们眼花缭乱，更多地倾向于阅读一些较为流行、时尚、短小的内容。图书馆作为提供信息资源的基本场所，除了根据读者的需要，通过微博、微信、移动图书馆等新媒体平台发布文章外，还应该根据自身的功能定位，针对不同的读者提供不同的资源服务，尤其应该提供具有特色的阅读资源，这样才能吸引更多的读者参与到阅读当中。像大型的公共图书馆，则需要包括人文、历史、小说等在内的海量内容，既要满足大部分市民的阅读需求，还要满足不同类型读者的个性化需求。总而言之，图书馆应当充分发挥互联网的优势，通过发掘新媒体并与之整合，为各种读者提供不同的服务，积极推进阅读推广活动的深入发展。

（五）建立多元合作，扩大阅读推广途径

"互联网+"时代的图书馆比传统图书馆更加开放，对技术的要求也更高，只有通过合作，通过跨界融合，才能更好地促进图书馆的发展。这首先需要政府的大力支持，还需要图书馆主动引导其他行业和机构参与到阅读推广活动中，把阅读元素与行业发展紧密结合起来，让各个学校、书籍出版商、电信运营商及其他不同的社会力量都参与其中，从而促进全民阅读的和谐发展。比如在国外一

些发达地区，图书馆借助互联网强大的资源聚合能力，利用各种新媒体平台，将阅读资源进行传播和扩散。当下比较流行的如图书馆与公交公司合作推出的"阅读专车"，与地铁、机场等合作开辟的地铁图书馆、机场图书馆，还有在一些大型商场、办公楼等人流量较大的地方摆放的电子屏，都有效地促进了阅读资源的传播。

三、跨界融合下图书馆阅读推广的保障措施

随着"互联网+"的快速发展，图书馆举办的阅读推广活动有了翻天覆地的变化，取得了良好的效果。但是由于读者知识水平的高低、不同结构之间的差异，以及活动评价机制的不健全等，阅读推广活动中还存在着一系列的问题。阅读推广活动要取得更大的成效，必须不断完善交流渠道，扩大阅读推广的范围，加强阅读平台的设计推广等，这样才能保证阅读推广服务的效果。

（一）加强文献资源建设，扩大服务范围

文献资源建设是图书馆发展的基础，也是阅读推广的基本保障。"互联网+"时代跨界融合的发展，为图书馆阅读推广活动提供了新的机遇。在文献资源建设方面，图书馆必须突破传统业务的束缚，加强文献资源建设，优化环境，通过跨界融合整合网络资源，扩大文献服务范围，引导数字阅读，形成向公众展示阅读信息的新时空。借助丰富多彩的文献资源，激发公众的阅读兴趣，同时吸引更多潜在用户，也能够及时获得用户的反馈信息。随着社会各界跨界融合的不断深化，图书馆的阅读推广活动必须改变推广方式，在互联网创新阅读推广内容的基础上，为推进全民阅读提供支持。

（二）加大政策支持，完善阅读推广的评价机制

政策支持是任何一项活动取得圆满成功的基本保障。目前，大多数图书馆在制度考核方面比较重视，鼓励馆员积极参与各类阅读推广大赛，从各个方面引导馆员不断进步的方向，而有中央图书馆政策和校长支持的韩国江原大学读书认证制度是一个非常成功的案例。与国外相比较，我国在阅读推广的政策支持及评价机制方面略逊一筹。我国的图书馆大多是以参加人数的多少、举办活动规

模的大小、媒体的关注度，以及得到政府和社会团体的支持度等作为评价阅读推广活动效果的依据，目前没有形成系统的评价机制对阅读推广进行科学有效的研究。

（三）提供技术保障，扩大宣传渠道

不管是传统阅读方式中的信息推送或目录资源的整合，还是越来越流行的碎片化内容的电子阅读，这些都离不开信息技术的支持。"互联网＋"时代，掌握应用信息技术是现代图书馆发展的必然要求，也是图书馆利用社会化媒体，拉近与读者距离的必不可少的手段。

在阅读推广活动中，宣传与策划工作显得十分重要，必须通过形式多样的活动来引起社会的关注并吸引公众的参与。比如图书馆嵌入的微信借阅与查询平台、移动图书馆、微博等，汇聚了大量优质数字阅读资源，可以满足不同层次用户的数字阅读需求，实现图书馆与读者之间的互动交流，形成有效的信息反馈。顺应"互联网＋"发展趋势，加强与技术人才、出版界、移动通信供应商等的跨界合作，设计能够承载与推荐大量优质阅读资源的服务平台，高效整合图书馆领域的资源，才能够保障阅读推广跨界融合的服务质量。近年来，各类型图书馆开展的"你选书，我买单"的读者自选图书活动，鼓励读者根据自身的需求，参与到图书采购活动中，这一活动得到了广大读者的喜爱与好评。

（四）加大馆员培训力度，提升图书馆主动服务水平

《中华人民共和国国民经济和社会发展第十三个五年规划纲要》要求"推动全民阅读"，并把全民阅读工程列为"十三五"时期重大文化工程之一，将全民阅读提升到国家战略高度。为了保质保量推进阅读推广活动的进行，就必须培养一批具有一定资质，能够开展阅读指导、提升用户阅读兴趣和阅读能力的"阅读推广人"，这也是图书馆提高服务水平的主要途径。

阅读推广作为图书馆的一项基本服务，在"互联网＋"快速发展的时代，图书馆员的服务已不再等同于传统图书馆服务中的外借阅览等服务，传统图书馆员已经不能够适应时代发展的要求。在阅读推广活动中，图书馆员扮演着重要的角色，他们是阅读推广活动的策划者、组织者和实施者，图书馆员能力的大小，与图书馆阅读推广活动的成效有着直接的联系。随着阅读推广活动的开展，对图书

馆员的能力要求越来越高，尤其是对从事阅读推广活动的馆员更是要求甚严。为了顺利推进阅读推广活动，图书馆应该从长远发展来考虑，从根本上培养一大批能够促进我国全民阅读事业发展的"阅读推广人"，采取更多长效机制促进人力发展。

阅读推广作为现代图书馆的基本服务，不等同于一般的借阅服务，具有一定的综合性和复杂性，这要求图书馆员具有较高的综合素养，不仅要熟悉图书馆的相关知识，还要熟练地应用互联网，能够具备足够的知识储存来随时随地解决读者的需要，进而提高文献资源信息的利用效率。目前，好多图书馆都建有学科馆员制度，学科馆员在阅读推广方面具有一定的优势，是图书馆开展阅读推广活动的天然桥梁，有利于推进阅读推广活动的实现。另外，国内外好多图书馆开始谋划阅读推广人才的培训机制，为阅读推广活动的长期进行提供人才保障。比如澳大利亚新南威尔士州，为了提升图书馆员的服务能力，曾专门开展了一项培训员集中受训项目，这给图书馆的发展带来了明显的作用。

（五）紧跟时代潮流，设计数字阅读推广平台

"互联网+"时代，各种媒体类型庞杂，信息资源迅猛发展，数量不断增多，图书馆为了提高阅读推广效果，更好地服务用户，综合利用各种社会媒体的功能，设计了专门的数字阅读推广平台，比如微博、微信、移动图书馆等。新的阅读推广平台的设计与应用，符合当前"互联网+"的网络信息结构，通过数字阅读推广平台所汇聚的大量优质数字阅读资源，可以满足不同层次不同用户的阅读需求，给用户提供了一个分享阅读心得的机会，也使图书馆能够集中在第一时间发布馆内的阅读信息和内容，以便用户及时获取图书馆的阅读资源、阅读服务等，为用户与图书馆员之间的互动交流、信息反馈提供了沟通渠道，促进了阅读信息和内容的传播。图书馆还可以通过该平台对用户的阅读方法进行在线指导，既提高了用户的阅读兴趣，解决了用户的实际需求，又顺应"互联网+"的发展趋势，保障了阅读推广活动在跨界融合中的服务质量，推进了图书馆阅读推广活动的顺利进行。数字阅读推广平台在实际应用中，除了进一步推进全民阅读活动外，还要通过对用户阅读需求的调查，让图书馆在阅读推广活动中有明确的方向，通过阅读推广方法的改善，实现对用户阅读行为数据的监测和评估。

第四节　跨界融合中的图书馆信息服务创新

一、"互联网+"给信息服务带来的发展机遇

自党和国家提出"互联网+"行动计划后，"互联网+"战略把互联网和包括传统行业在内的各行各业结合起来，各行各业都积极实施"互联网+"计划。这给图书馆带来了一个全新的信息环境，为图书馆事业的发展带来了一定的机遇，拓宽了图书馆信息服务的渠道，为图书馆的发展提供了广阔的空间。在"互联网+"的冲击下，图书馆的资源建设及服务模式等都受到了彻底的颠覆。"互联网+"以其"跨界融合，连接一切"的特质，打破了图书馆固有的边界，减弱了信息不对称性。"互联网+"突破时空的限制，使其跨界融合成为可能，对图书馆信息资源的配置、整合及用户服务模式等方面产生了深远的影响，使文献信息资源的作用与价值最大化，文献信息资源共享范围得到了扩大，服务对象的数量也得到了大量增加。这种多元化的、多媒体的信息资源环境，降低了用户阅读的门槛，而且随处可见的信息传播和资源共享在第一时间呈现在信息用户面前，为人们带来了极大的便利。人们可以根据自己的喜好选择自己感兴趣的知识与信息，也可以对当前的热点问题发表自己的观点，也为图书馆创新服务提供了新的机遇。"互联网+"的加速发展，使用户可以随时随地与图书馆进行信息传送操作。在传统图书馆下，用户必须到馆才能完成的图书续借、图书预约，以及图书馆进行图书催还、信息公告等，现在完全可以借助互联网平台，只要动动手指就可以实现上述各种服务，方便了用户对信息的获取，也减轻了图书馆员的劳动量。

因此，图书馆应充分利用好"互联网+"背景下各行业跨界融合的有利形势，借助"互联网+"给图书馆信息服务所搭建的这样一个广阔的发展平台，积极转变服务方式，实现服务转型升级。

二、跨界融合下图书馆信息服务新对策

随着互联网的不断发展，信息资源越来越丰富多样，人民的阅读需求、阅

读方式及获取信息的渠道等都变得多样化，用户对图书馆的服务内容也提出了更高的要求，知识性服务、嵌入式服务、学科馆员服务等应运而生，这使得传统图书馆信息服务必须优化服务体系，完善服务内容，拓展服务途径等，才能改变图书馆被边缘化的风险。信息时代，图书馆应从"互联网+"背景出发，紧紧抓住"互联网+"这一发展契机，积极引入"互联网+"理念，将各种新信息通信技术与图书馆原有的功能进行对接整合，坚持信息服务"学科性、学术性、技术性"的原则，改变思维模式，积极创新阅读模式，争取政策保障，加强与社会各界之间的交流合作，培养一大批能够提供各种创新服务的跨界人才，才能适应信息化时代海量数据的爆发，满足各类用户不断发展的新需求，推动我国图书馆事业的转型发展，这也是图书馆事业适应现代经济社会发展的必然选择。

（一）转变服务模式，树立跨界服务理念

图书馆作为文献信息资源的集散中心，在文化建设中发挥着十分重要的作用，其传统的服务模式主要是流通借阅、文献检索、参考咨询等，而且在开展信息服务时相对比较被动，处于单向服务状态。但是，"互联网+"时代的到来，使得人们的阅读越来越碎片化，在这种情形下，人们不再依赖于从图书馆获取信息，而互联网便成为人们获取信息的最主要渠道。"互联网+"时代，图书馆的服务不再将互联网单纯地作为工具来运用，而是通过各种途径，将信息资源进行深度融合与创新协同，提升服务效能，为用户提供具有个性化、智慧化的服务。"互联网+"思维是实现从传统图书馆向智慧图书馆转型的最佳途径。目前，全国各地许多大型图书馆都建立了移动图书馆，目的是为了更好地顺应用户阅读习惯的变化，使用户可以随时随地通过手机等移动设备获取所需的数字信息资源服务，使阅读无处不在。因此，图书馆要积极应对"互联网+"这种新时代所带来的冲击，利用互联网与各个行业深度融合的大趋势，转变服务策略，变被动服务为主动服务，创新服务方式，提升服务品质和服务效能，提供"互联网+借阅流程""互联网+数字阅读"等一体化服务，将图书馆图书资源及服务转移到互联网上，促进图书资源共享，不断探索创新各种"微服务"途径，推动图书馆建设的深化及服务品质的进一步提升，以此满足新常态下读者的信息需求。

这种服务策略的转变，首先需要图书馆从思维模式上进行真正的转变，在"互联网+"思维的影响下，用户思维、跨界思维及平台思维就显得尤为重要。

如宁波市图书馆以用户为中心，通过建立城市街区24小时自助图书馆、手机图书馆等推进的智慧阅读，取得了显著成效，得到了广大读者的喜爱。

（二）建立和完善图书馆的服务平台

作为传统信息服务机构的图书馆，在"互联网+"思维的影响下，通过重新定位其服务理念与共建共享信息资源，对其思维模式进行了重构与拓展，逐渐建立和完善图书馆的智能化服务平台，为用户提供更加快捷、高效的信息服务，满足了广大用户对文献信息资源服务的需要，进而提升图书馆的管理和服务水平，提高了用户对图书馆服务的满意度，也强化了图书馆在文化教育事业中的地位与作用。

"互联网+"环境下图书馆服务创新的要求，契合了"全民阅读"活动等当代社会要求。目前，国内最主要的两大移动互联网社交分享平台新浪微博和微信在图书馆得到了广泛的应用，图书馆通过这些微阅读平台在线为用户进行专业指导和答疑解惑，以及发布推送的一些热点问题和重要资讯，改变了传统网站发布信息的单一模式，提高了信息服务的广度和高度，符合人们碎片化阅读习惯，方便用户进行个性化选择和利用信息，得到了广大读者用户的喜爱与关注。移动互联网为信息的传播与共享提供了广阔的发展平台，移动图书馆的建立，方便了用户对信息资源的获取，顺应了人们碎片化阅读的习惯，尤其是手机信息平台的利用，将图书馆的服务进一步延伸、拓展，其服务的个性化特征和及时性给图书馆服务带来了新的变化，改变了图书馆服务的被动性，满足了广大用户对信息资源的需求，也提高了用户对图书馆服务的满意度，推动了"全民阅读"活动的开展，扩大了图书馆的影响。

图书馆实现跨界融合和联合服务模式的创新，使其真正成为社会信息和知识组织的分析服务场所。无论是公共图书馆、高校图书馆，还是社区图书馆等小型图书馆，它们服务的范围比较广，类型多，层次高低不一，这就要求图书馆必须根据服务对象的不同，以用户为中心，转变服务理念，拓展服务内容，建立多元化的服务模式，针对不同用户的不同需求提供相对应的个性化、专业化的学科服务平台，使用户与图书馆之间实现零距离服务。

（三）整合信息资源，加强协同建设

"互联网+"时代的到来，使图书馆文献信息资源结构发生了重大改变，做好馆藏资源的组织与整合，以及分析服务工作显得尤为重要。"互联网+"背景下图书馆服务的跨界融合必然是以信息资源为驱动，以用户需求为导向的多元协作模式。

首先，利用"互联网+"等新技术的驱动作用，以用户为中心，优化馆藏信息资源，积极整合现有资源，深度挖掘本馆的特色资源，将文献资源建设的重点转移到特色信息资源建设上来，形成集基础信息资源与特色化资源相结合的信息资源建设、管理与服务体系。通过新技术的驱动作用，将各种信息资源进行重组和整合，形成相对稳定与完善的信息资源，通过优势互补，为用户提供多元化、个性化及智慧化的信息服务，提高了信息资源的利用率，促进了图书馆的转型与发展。其次，强化图书馆之间的合作与联盟，图书馆与社会其他机构间的合作，尤其是馆配商之间的互动服务，提供信息资源丰富的共享服务平台，使用户实现网络信息资源的共知共享。目前，好多图书馆依托本馆的智能化服务平台，通过与其他图书馆及社会机构的协同发展，形成了具有自身特色的信息资源配置和服务模式。比如美国数字公共图书馆（Digital Public Library of America，简称DPLA）既整合了全美范围内多家机构的数字资源，又搭建了用户与资源之间的平台。康奈尔大学图书馆曾与六家社会机构进行合作，建立了VIVO社交型网站，通过与他人之间的合作进行科学研究与创新；该馆还与Microsoft、Google等机构合作，对内部藏书进行数字化管理与存放。在我国，图书馆之间的合作，以及图书馆与其他社会机构之间的合作，也取得了突破性的进展。一些大型公共图书馆及高校图书馆，如清华大学图书馆、上海图书馆等，将本馆的馆藏资源嵌入到当当网、Amazon、Google Books等，为用户提供便捷快速的服务。内蒙古图书馆与当地新华书店联合推出的"彩云服务"图书借阅平台，更是实现了"借、采、藏"一体化，使用户也参与到图书馆的信息资源建设中，通过对内外资源的利用，不但提高了文献信息资源的整合水平，而且提升了用户对图书馆服务的满意度。

"互联网+"的发展，将图书馆更多实体馆藏资源的借阅服务都通过各种网络平台展示给用户，使他们能够随时随地利用图书馆的多载体资源，也使图书馆的服务得到了进一步延伸。比如上海市徐汇区图书馆创建的"约书吧"，就是集图书网上"检索—预约—借阅—传递"于一体，通过实体资源与网络数字资源相结合的服务模式，满足用户对文献信息资源的各种需求。

（四）优化学科服务团队，促进图书馆转型发展

图书馆职工队伍的素养与知识水平的高低，对图书馆的全面发展起着重要的作用，高水平、高素养的人才队伍是图书馆发展的基本保障。在"互联网+"背景下，用户的需求越来越多元化、个性化，图书馆员的职业边界也变得有些模糊不清，加上新技术的进步与发展，这使得传统的图书馆员面临着严峻的挑战。"互联网+"时代的图书馆员，一定要具备多方面的知识，要跟上新技术的进步与新思维的发展，不断开阔视野，逐渐提升自身的素养，不但要懂用户、懂业务、懂服务，还要懂营销、懂技术，这样才能使自己成长为适合"跨界"的新型人才。

首先，实施学科馆员——图情教授制度。这种制度的建立，对强化信息服务，提升图书馆服务能力有着积极的推动作用。学科馆员的存在，在对口联系、跟踪服务方面为教学科研带来了极大的方便，开辟了信息导航、重点学科资源信息链接、专题数据库建设、编辑学科发展动态及定题服务、代查代检等信息服务工作，推进了读者服务工作的全方位拓展，并不断深化、创新，为读者提供优质、满意服务，在学校教研工作中发挥了重要作用。其次，建立完善的馆员培训体系。在"互联网+"环境下，为了提升图书馆服务质量和服务水平，满足用户日益增长的文献信息需求，图书馆应根据"互联网+"背景下图书馆的发展要求，以及图书馆员自身的发展情况，对图书馆员进行科学的、有针对性的、分层次的培训，以此来提升图书馆员的服务能力。但值得注意的是，馆员培训是一项长久的、系统性的工程，要树立终身学习的观念，通过各种途径打造比较规范的制度化的培训体系。目前比较流行的培训方式如专题培训、传帮带，以及专属馆员培训的网络平台等，都可以增强用户对知识的有效利用和服务能力的提升。比如辽宁省图书馆建立的部门培训联络员制度，十分有利于开展形式多样的培训活动。通过面向全体馆员征询培训意见、培训形式等，强化了馆员培训的针对性、主动性，也加强了馆员参与图书馆建设的热情。再次，加强人才队伍的引进，优化配置图书馆人力资源。"互联网+"时代对图书馆员的服务能提出了更高、更为精细的要求，传统图书馆想在竞争中立于不败之地，为用户提供优质的服务，则迫切需要高素养、高水平人才的大力支持。因此，图书馆应根据本馆的实际情况进行全面的考量，引进具有"互联网+"思维的知识性人才，能够为用户提供更加广泛深入的学科服务。最后，还需要对人力资源进行合理的配置。"互联网+"时代下的图书馆员，必须摆脱固有的思维模式，变被动服务为主动服务，重新认识用户的信息需求，为用户提供更加灵活准确的个性

化信息服务。尤其是互联网+背景下"嵌入式学科馆员",更要具备广博的知识、合理的知识结构,还必须具有与其他行业深度融合的专业知识背景、数据挖掘等创新能力,提供信息资源检索、分析、利用的图书情报基本服务能力。"嵌入式"学科馆员的出现,打破了传统图书馆信息资源单向传播的方式,通过对用户信息需求的掌握,建立了适应用户需求的信息推送服务,增强了与用户之间的沟通,为用户提供了个性化、知识化、学科化的服务,体现了图书馆的高效服务。只有建立这样一支具有专业知识和信息技能的学科馆员队伍,才能为用户提供更为专业的、比较深入的学科服务,也才能更好地支撑用户的科研信息需求,形成"互联网+"思维下图书馆协同创新服务模式。

(五)提升服务能力,保障信息安全

伴随"互联网+"时代的快速发展,全面融合态势下的网络和信息安全存在很大的问题,图书馆必须加快网络安全关键技术研发,形成全程全网的网络安全态势感知、监测预警、应急响应和快速恢复能力。在提升技术能力的同时,还须加大数据保护和用户信息保护力度。由于互联网时代海量信息的涌现,以及各种社交媒体的发掘,大量数据及用户的信息都面临公开的弊端,图书馆必须通过技术的研发,做好数据的开放存取与用户信息的保密工作。

(六)图书馆服务发展新趋势

随着"互联网+"思维的逐渐融合与渗透,图书馆在服务模式方面进行了大量的探索,涌现出来许多新颖、独特的服务模式,引领了图书馆专业服务发展的新趋势。许多图书馆开展的自助服务,得到了广大用户的喜爱,也激发了图书馆随时随地进行社会化服务的潮流。另外,图书馆与其他行业之间的融合,为图书馆服务创新提供了新的起点。目前,大多数图书馆参与的全民阅读活动,是图书馆服务推广的主要形式之一,通过与其他行业、机构之间开展的合作,共谋发展、共同进步,推动了图书馆界向专业化方向发展的趋势。

"互联网+"的发展,为当下社会各行各业的发展提供了新的发展机遇与空间。通过跨界融合,将图书馆的空间、文献信息资源及提供的平台,与用户的空间、活动等进行深度融合,通过知识的多元存在,达到互动共赢的协同服务目的,为用户提供更精准的、全方位的个性化服务。

参考文献

[1]吴爱芝.大数据时代高校图书馆智慧化学科服务研究[M].北京：海洋出版社，2018.

[2]张丽.智慧图书馆新兴技术研究与应用[M].长春：吉林出版集团股份有限公司，2019.

[3]金莹.智慧化：公共文化服务的时代转型[M].北京：中国社会科学出版社，2019.

[4]高红霞."互联网+"时代高校图书馆智慧化建设研究[M].沈阳：辽海出版社，2019.

[5]董玉梅，徐阳，吴爽.高校图书馆服务研究与现代图书馆管理[M].北京：中国纺织出版社，2019.

[6]吴慰慈，董焱.图书馆学概论[M].北京：国家图书馆出版社，2019.

[7]蔡迎春，金欢.图书馆阅读推广案例赏析[M].北京：国家图书馆出版社，2019.

[8]傅春平.公共图书馆智慧服务的探索与实践[M].广州：世界图书出版广东有限公司，2020.

[9]陈伟，张霞，王仲皓.图书馆智慧化服务模式探究[M].长春：吉林人民出版社，2021.

[10]严栋.智慧图书馆概论[M].大连：辽宁师范大学出版社，2021.

[11]高莉.图书馆管理与档案资源建设[M].长春：吉林人民出版社，2021.

[12]高伟.图书馆建设与阅读服务管理[M].长春：吉林人民出版社，2021.

[13]高桂雅.大数据时代智慧图书馆科学化服务体系构建[M].长春：吉林出版集团股份有限公司，2021.

[14]张骏毅，张奎莲，廖紫莹.科学化图书馆管理与阅读推广[M].长春：吉林人民出版社，2021.

[15] 王志红，侯习哲，张静作.智慧图书馆建设与阅读推广研究[M].哈尔滨：哈尔滨出版社，2021.

[16] 周玉英，王远作.5G环境下智慧图书馆的服务研究[M].北京：北京燕山出版社，2022.

[17] 阚丽红.智慧图书馆建设与服务创新研究[M].长春：吉林文史出版社，2022.

[18] 吴玉灵，廖叶丽.现代图书馆智慧服务理论技术与实践[M].南昌：江西高校出版社，2022.

[19] 魏奎巍.图书馆信息化建设与服务创新研究[M].长春：吉林出版集团股份有限公司，2022.

[20] 王东.现代图书馆服务实践与理论研究[M].长春：吉林出版集团股份有限公司，2022.

[21] 韩春磊.公共图书馆馆藏文献资源数字化建设[M].长春：吉林摄影出版社，2022.

[22] 李杏丽.智慧社会建设背景下大数据与图书馆管理研究[M].长春：吉林摄影出版社，2022.

[23] 苏宇波，祁杰.大数据时代下公共图书馆智慧服务路径研究[M].哈尔滨：北方文艺出版社，2022.

[24] 李继萍.理论与实践结合下的高校图书馆服务研究[M].天津：天津科学技术出版社，2023.

[25] 邹积超，王芳，聂萌.图书馆智慧化建设研究[M].北京：海洋出版社，2023.

[26] 谢硕研.高校图书馆智慧化管理与服务创新[M].吉林出版集团股份有限公司，2023.

[27] 李凡.公共图书馆建设管理及其智慧化发展新路径[M].北京：现代出版社，2023.

[28] 肖平.公共图书馆智慧化服务探索：成都市公共图书馆2022年学术年会论文集[M].成都：西南交通大学出版社，2023.

[29] 胡琦，韩波.智慧时代图书馆空间服务创新研究[M].郑州：郑州大学出版社，2023.

[30]朱庆华，赵宇翔，胡蓉.面向数字图书馆的移动视觉搜索机制研究[M].北京：科学出版社，2023.

[31]刘鹏强.智慧图书馆建设视域下的阅读推广研究[M].沈阳：辽宁大学出版社，2023.

[32]张展，肖霞.智慧图书馆建设与服务创新研究[M].北京：中国农业出版社，2023.